打造尖端
管理模式

商宁　商波◎编著

新疆文化出版社

图书在版编目（CIP）数据

打造尖端管理模式 / 商宁, 商波编著. -- 乌鲁木齐 : 新疆文化出版社, 2025. 7. -- ISBN 978-7-5694-4960-0

Ⅰ. F272

中国国家版本馆CIP数据核字第2025TP2539号

打造尖端管理模式

编　著 / 商宁　商波

策　　划	张　翼	封面设计	天下书装
责任编辑	张　翼	责任印制	铁　宇
版式设计	摆渡者文化		

出版发行　新疆文化出版社有限责任公司

地　　址　乌鲁木齐市沙依巴克区克拉玛依西街1100号（邮编：830091）

印　　刷　三河市嵩川印刷有限公司

开　　本　710mm × 1000mm　1/16

印　　张　8

字　　数　90千字

版　　次　2025年7月第1版

印　　次　2025年7月第1次印刷

书　　号　ISBN 978-7-5694-4960-0

定　　价　59.00元

前言

在这瞬息万变的商业江湖，成功可不是随随便便就能实现的。企业就像在大海中航行的巨轮，随时会遭遇各种狂风暴雨的挑战，以及一些让人摸不着头脑的不确定性，如果不小心陷入了困境，想突围出来也不容易。不过呢，历史同样告诉我们，逆境中其实也藏着转机和希望！

管理者的角色远不止“发号施令”那么简单，无论是小型团队的项目协调还是跨国企业的战略布局，管理都变得更加复杂且不可预知。然而在如今这个充满不确定性和多元化的商业环境中，管理的内涵已经发生了翻天覆地的变化。新的技术、不断变化的市场需求，以及多样化的员工结构，使得传统的管理模式渐渐失去了它的“万能”光环。

于是，管理变成了一门混合了科学与艺术的学问。既要有严谨的数据支撑，又要有柔软的情感处理，管理者需要在“左脑”和“右脑”之间找到平衡点。一个优秀的管理者，不仅要懂得用数据和逻辑推导未来的方向，更要在关键时刻运用直觉和人性化的判断来激励团队。可以说，管理不再是单纯的控制，而是如何在不确定性中激发团队的自主性与创造力，赋予每位成员一种“主人翁精神”。

本书将以一种全面的视角，去揭示尖端管理模式的本质与方法。它不局限于传统的管理理论，而是对当前管理趋势和未来方向的探索。我们不把管理简单地归结为“科学”或“艺术”，而是试图展示其多维的特性，为管理者提供科学的数据分析工具、灵活的弹性管理方法、影响力驱动的沟通技巧，以及情感与信任的建设之道。希望这本书能带给每一位管理者启发，让他们在科学与艺术的交会处找到属于自己团队的尖端管理模式。

目录

第一章

管理是科学还是艺术？

——挑战传统逻辑

管理究竟是科学还是艺术？这是一个长期以来困扰管理者和学者的问题。管理依赖于数据、分析和系统化的方法，似乎更像一门科学；但在实践中，管理者往往需要依赖直觉、经验和对员工情绪的把握，这又让管理呈现出艺术的特质。在当今这个快速变化的时代，传统的管理逻辑似乎不再适用。企业面临着前所未有的挑战，管理者不仅要掌握硬性的管理技能，更需要在瞬息万变的环境中灵活应对。

本章将深入探讨管理中“科学”与“艺术”的结合，揭示如何通过数据支持直觉决策、颠覆传统思维、打破固有的管理模式，并为未来的管理方式提供全新的视角。挑战传统逻辑，不仅是为了适应当前的复杂环境，更是为了引领变革与创新。

第一节　两者皆是：用数据支撑直觉决策

当谈到管理时，常常有人争论：管理是科学还是艺术？这就像是在问“鸡和蛋，哪个更重要？”实际上，管理既是科学，也是艺术，完美地融合了逻辑与创意。就好比一位厨师，既需要精准的配方（科学），又需要灵活的调味（艺术），才能烹饪出美味的佳肴。

科学：数据是管理者的超能力

首先，让我们从科学的角度来看看数据。在这个信息爆炸的时代，数据就像是管理者的“超能力”。数据可以让我们明白客户的需求、市场的变化和团队的表现。它们为决策提供了基础，就像侦探寻找线索一样。没有数据，决策就像是在黑暗中摸索，找不到方向。它们能帮助你判断市场趋势、评估团队绩效和制定战略决策。

举个例子，某餐饮企业通过数据分析发现，周末高峰期的客户群体主要是年轻人，因此在周末推行年轻人喜爱的优惠活动，结果大幅提升了周末的销售额。而在没有数据的情况下，这样的决策可能就会显得缺乏针对性。因此，数据分析为管理者提供了可靠的依据，成了他们作出决策的“第二双眼睛”。

◆数据的分类：不只是“冷冰冰的数字”

要有效使用数据，首先要理解数据的类别。常见的数据可以分为以下几类：

1. 市场数据：关于消费者行为、竞争对手动态、行业趋势的数据，帮助企业了解外部环境。

2. 运营数据：反映企业内部运作的数据，包括生产效率、库存、资源消耗等。

3. 财务数据：如利润、成本、现金流等，直接关系到企业的盈利能力。

4. 人力资源数据：员工满意度、出勤率、工作表现等，帮助管理者优化团队管理。

数据本身毫无意义，关键是如何通过分析和解读让这些数据说话。管理者需要准确判断哪些数据对当前的决策最具价值，并从中找到解决问题的线索。管理者拥有数据这个超能力，还需要合理的策略和技巧去发挥它的作用。以下是几个数据驱动管理的实用策略：

◆数据驱动的目标设定

数据可以帮助企业设定更精确、可实现的目标。例如，通过分析历史销售数据，管理者可以为新产品推出时的销售目标设定合理范围，并追踪目标完成进度。这样的目标更具可执行性，团队也更容易实现，避免不切实际的过高目标挫伤士气。

◆识别瓶颈，提高效率

数据不仅能帮助管理者做出决策，还能识别出工作中的“瓶颈”。假如企业发现生产线的停工率过高，可以通过数据分析找到具体原因——是机器维护不足，还是操作人员培训不到位，从而针对性地解决问题。通过数据精准分析瓶颈环节，不仅节省时间和成本，还提高了整体效率。

◆个性化客户体验

在以客户为中心的时代，数据使个性化服务成为可能。借助大数据，企业可以了解客户的购买习惯、偏好等，从而推出更适合他们的产品和服务。例如，电商公司可以通过客户浏览记录和购买记录推荐商品，让客户感受到“它读懂了我”。这种个性化服务增加了客户的忠诚度，提高了复购率。

◆ 实施数据分析的注意事项

尽管数据能够提供很多信息，但滥用数据或过度依赖数据分析也会带来副作用。以下是数据驱动管理的几个注意事项：

1. 数据的准确性至关重要

数据分析的有效性依赖于数据的准确性。错误的数据会导致误导性的结论，甚至可能导致企业做出不正确的决策。管理者在收集和使用数据时，要确保数据的来源可靠，避免受到虚假或片面数据的影响。定期核对数据、建立多层次的数据验证机制可以大大降低数据偏差带来的风险。

2. 不执着于“大数据”，保持清醒

虽然“大数据”听上去很炫酷，但并不是所有数据都具有决定性意义。数据分析要适度，不可贪多，避免“信息过载”。管理者需要保持清醒，合理过滤无关数据，聚焦于有实际指导意义的数据，避免掉入“数据泥潭”而忽略了核心问题。

3. 人工智能辅助：不可忽视的价值

随着技术发展，越来越多的公司开始采用智能科技进行数据分析。然而，管理者仍需保持一定的“人为干预”。人工智能可以分析海量数据，但它缺乏人类的直觉和情感判断。要合理运用人工智能，注重结合管理者的主观分析，从而形成更加平衡、全面的决策。

艺术：直觉是决策者的灵魂

然而，单靠数据并不足够。数据就像是一道菜的原料，缺乏创意的搭配，只会让人失去胃口，此时，直觉便闪亮登场。直觉，恰如一位优秀的厨师，凭借多年的经验和对味道的敏感，能够在关键时刻做出正确的决策。

如果你的直觉告诉你，该换个方案，别让团队在无尽的会议上耗尽青春，尽管数据可行，仍需考虑要不要继续做个调查。在某些情况下，数据可能会给出保守的答案，而直觉可能会鼓励你去冒险。比如，面对一个新兴市场，虽然数据可能显示潜在风险很高，但直觉告诉你，如果不试试，就永远不会知道能否成功。

案例：国内餐饮品牌“H××”的创始人张×，就是市场直觉的典型代表。张×的直觉来源于他对消费者需求的洞察。早在“H××”还未成规模之前，他便敏锐地觉察到餐饮业“服务即品牌”的趋势。他主张提高服务质量，并创造了极具个性化的客户体验，开创了国内餐饮界的“服务文化”。这种直觉洞察力让“H××”在竞争激烈的餐饮市场中独树一帜，迅速发展壮大。

◆ 培养直觉力的策略

直觉既是艺术，也是可以培养的技能。并非所有人都能一蹴而就地具备敏锐的直觉，但通过有意识的锻炼和积累，管理者可以逐渐培养直觉力。以下是一些实用的策略：

策略一：广泛接触市场信息

管理者需要多接触市场信息，观察行业动态，这样才能在需要时凭直觉做出准确的判断。通过日常积累的市场洞察，管理者可以在行业发生变化时快速作出反应。例如，电商行业中的变化极为迅速，P××正是因对下沉市场的敏锐洞察，果断决定主打低价策略。这种直觉判断得益于他对电商市场长期的观察和研究。

策略二：多参与公司日常运营

管理者若想培养直觉，不能只是坐在办公室里做决策，而需要深入公司运营第一线。通过亲身参与和观察，管理者可以获得更直观的信息，提升直觉的准确性。比如，M× 创始人牛 ×× 便是深入公司运营的管理者。他通过观察一线销售人员的反馈和消费者的偏好，及时调整产品策略，使得 M× 在激烈的市场竞争中脱颖而出。

策略三：自我反思与总结

直觉是经验积累的结果，管理者在经历重大决策之后要进行反思和总结，分析自己的直觉判断是否准确、原因何在。通过这种自我反思，可以帮助管理者逐渐找出适合自己判断的直觉模式。正如海尔的张瑞敏，长期注重对企业战略的反思与总结，反思直觉是否与市场趋势相符合，从而在家电行业中屡屡创造奇迹。

直觉并非凭空而来，而是多年经验、知识积累、市场观察的结晶。正如一些成功的企业家，他们凭直觉在市场洪流中快速做出判断，让企业抢占先机。这种直觉既不是完全盲目，也不是对数据的简单依赖，而是对于行业动态、市场走势和人性本质的一种深刻理解。

灵活应对实践变化

管理者在决策中，直觉和数据往往相辅相成。数据可以提供有力的逻辑支持，而直觉则可以在数据缺乏时提供指导方向。因此，管理者需要在两者之间找到平衡点。

◆直觉为先，数据验证

在某些情况下，管理者可以优先依赖直觉判断，而后通过数据进行验证。例如，当企业要进入一个新市场时，管理者可以凭直觉判断市场的潜力和机会，但同时通过市场调研、数据分析来佐证直觉的正确性。这种“直觉－数据”模式有助于在短时间内形成准确判断，减少决策偏差。

◆关注数据缺陷，依靠直觉补充

并非所有的数据都是完备的。在数据缺乏或无法完全反映情况时，直觉可以帮助管理者填补空白。例如，某公司计划推出新产品，但市场上尚无类似产品的数据，这时，管理者可以凭直觉判断消费者的潜在需求，并在产品定位上做出前瞻性决策。

尽管直觉有助于决策，但如果不加以谨慎使用，也会导致判断失误。以下是一些注意事项：

1. 不执着于直觉

直觉并非万能，不要完全依赖直觉去决策，特别是在风险较高的情况下。管理者需始终保持客观，特别是在重大决策上，避免过度自信。

2. 警惕“认知偏差”

管理者在运用直觉时要警惕自己的认知偏差。某些偏见或先入为主的观念可能影响判断，例如“光环效应”使管理者过分看重某些员工的特质。管理者应保持清醒，不让偏见左右决策。

3. 设立验证机制

直觉判断可以迅速形成，但应设立验证机制，确保决策的合理性。

例如，在直觉识别市场机会后，可以进行小规模试验，逐步验证直觉判断的可靠性。

因此，在管理的道路上，既要掌握科学的工具，也要培养艺术的敏感。让我们在数据的指引下，顺着直觉的方向，创造出更高效、更具创造力的管理模式！下次在做决策时，不妨问自己：“我到底是被数据说服了，还是被直觉牵着鼻子走？”答案可能会让你笑着摇头，但结果一定会让你心满意足！

第二节　颠覆性创新：曾经的“经验”过时了

在管理领域，有一句老话：“经验是最好的老师。”然而，随着科技的飞速发展和全球商业环境的快速变化，这句话需要重新审视。许多传统的管理经验在新形势下已变得不再适用，甚至可能成为创新的阻碍。创新不再仅仅是改进现有流程，以及优化资源配置，而是颠覆旧有的模式，打破常规，甚至挑战曾被奉为金科玉律的经验法则。

你被困住了：打破经验的局限性

在管理中，经验可以帮助我们避免重复错误，迅速做出决策，并在复杂的环境中找到捷径。但正因为如此，经验也可能导致一种思维惯性，使我们陷入“路径依赖”。当人们依赖于过去的成功模式时，他们往往无法看到新的机会，或者对破坏性变化的到来视而不见。

路径依赖，是指决策者倾向于依赖以往成功的方法，即使环境已发生巨大变化。举个简单的例子：许多传统零售企业曾通过开设更多的实体店来扩大市场份额。然而，随着电子商务的兴起，这种扩张战略不仅未能带来预期的利润，反而增加了不必要的成本。这种路径依赖让很多企业错失了电子商务的红利，甚至在电商崛起后难以扭转局面。

◆为何经验会束缚管理者

经验是一种知识积累，但同时也容易形成一种“舒适区”，让人们过度依赖旧有的知识、思维和方法。以下几个方面解释了经验如何束缚管理者：

局限一：自信过度，忽视变化

许多管理者在凭借成功经验时，往往容易高估其适用性。自信虽好，但若一味依赖过往的成功，很容易忽视新市场趋势和消费者的需求。正如在互联网行业中，XM 创始人雷 × 所说：“在技术更新如此之快的今天，老办法会成为你的牢笼。”经验不应该是束缚创新的理由，尤其在科技和消费快速变迁的时代。

案例：某大型老字号食品品牌已有数十年历史，曾凭借经典的乳制品系列获得了大批忠实顾客，并在国内乳品市场长期处于领先地位。然而，当近几年“健康”与“植物基食品”成为主流消费趋势时，管理层依然认为品牌的传统乳制品路线可以稳居市场，不必跟随这些潮流。尤其是在“植物基”饮品风潮席卷市场时，企业没有采取任何新品研发举措。管理层固守“老用户稳定”的信念，以为产品的味道、品质和品牌历史足够维持市场占有率，但未料到年轻消费者的偏好变得更具个性化和多样化。

局限二：惯性思维，降低适应力

经验容易形成惯性思维，这意味着管理者在遇到问题时，通常首先依赖旧有的思维模式。比如，传统制造业的管理者可能更关注流程的标准化，而对创新和市场反应的关注度较低。这种思维惯性可能导致他们错过新的发展机会。

案例：某知名家电零售企业曾依靠大量线下卖场成功占据市场，并拥有众多实体连锁门店。多年来，企业依赖消费者“需要体验后再购买”的模式，在家电市场中处于主导地位。即便在电商兴起初期，管理层依然认为家电这种“大件商品”难以通过线上渠道销售，因为用户希望“亲身体验”。这一惯性思维导致企业在布局线上渠道方面反应迟缓，等到后续线上平台逐步发展，竞争对手已经抢占了市场份额。

局限三：排斥新生事物，抵制改变

许多企业家习惯于过去的成功模式，对新事物抱有排斥心理。他们更愿意坚持自己曾经的成功模式，而忽略新的市场趋势和技术进步。比如，传统零售行业在电子商务兴起之初对电商的反应显得迟钝，甚至排斥，这种心态的根源在于他们深信线下模式的成功。结果，当线上购物崛起，他们被甩在了后面。

案例：作为一个拥有数十年历史的服装品牌，该公司长期以来坚守经典款式与传统设计，凭借中规中矩的风格获得了中老年市场的青睐。管理层认为“经典”可以传承，且不易受潮流影响。因而对个性化、年轻化的设计需求反应缓慢，认为这些潮流会随着时间逐渐淡化。即便当市场上涌现出更多强调“时尚”“个性化”的品牌时，企业仍认为消费者会最终回归“经典设计”。公司在意识到问题后虽然进行了一系列改版尝试，但因为过晚进行改变，品牌形象已然陈旧，年轻消费市场难以重获。

◆如何打破经验的局限性

面对迅速变化的市场，管理者必须具备突破经验的勇气。以下策略有助于打破经验带来的“舒适区”，提升企业的适应性和创新力。

创新一：逆向思维，挑战惯性

逆向思维即从与常规相反的角度去思考问题，挑战经验所带来的惯性。例如，淘宝的成功便是一个逆向思维的典范。在电商初期，传统观点认为商家自营是保障质量的唯一途径，但淘宝却通过“平台模式”创造了一个开放的电商生态，让个人商家和小企业入驻，形成“百花齐放”的局面。这一逆向思维带来的创新，彻底颠覆了传统的零售行业。

案例：“L××”的跨界营销

“L××”本以传统调味品出名，凭借经典的“辣酱”获得了大量市场。然而，为了更好地吸引年轻一代的消费者，“L××”打破惯性思维，进行了“跨界合作”。他们与潮流品牌、电竞、影视IP等展开合作，将产品包装设计为年轻人喜欢的潮牌风格，并推出限量版、联名款。这个逆向思维策略让品牌瞬间重获年轻消费者的喜爱，开拓了全新市场。这种跨界营销使“L××”突破了“传统食品”的市场固有印象。

创新二：打造学习型团队

企业可以建立学习型团队，鼓励成员不断学习新知识，主动挑战经验。比如，海尔在企业内推行“人单合一”模式，鼓励员工从被动执行到主动参与企业发展。通过这种方式，员工不再墨守成规，而是积极寻找创新的机会。这种学习型团队模式，有助于打破经验的局限，提升企业适应力。

案例：中石油的智能化升级

中石油作为传统的能源巨头，近年来主动打造学习型团队，以推进数字化和智能化转型。公司组建了专门的“智能油田”研发团队，引入大数据分析和物联网技术，通过内外部联合学习的方式提升团队技术能力。团队还与高校合作，针对钻探、检测等环节进行实时数据分析和预测，减少了人力和时间成本，提高了油田开采的效率。

创新三：通过数据验证直觉

在经验丰富的基础上，管理者仍应通过数据来验证自己的直觉。经验可以提供初步判断，但数据是可靠的“事实依据”。

案例：新零售的“H××× 模式”

H××× 旗下的“H×××”，通过线上线下的深度融合，打破了传统零售业的经验束缚。“H×××”的创新在于，它不再单纯依赖线下销售经验，而是通过技术赋能、数据分析实现了全渠道销售的管理模式，满足了当下消费者对便捷、快速的需求。“H×××”打破了传统零售的经验模式，创造了一种全新的“新零售”体验。

创新四：接受多元化视角

多元化视角可以帮助管理者摆脱单一经验的束缚，获得更为全面的视野。尤其在全球化、跨文化背景下，企业管理者必须学会接受不同的意见和观念。

案例：华为的逆境突破

华为在全球市场上崭露头角，不仅是技术实力的体现，更是对经验束缚的不断突破。过去的通信行业主要依赖西方技术和标准，但华为决心走自主创新的道路，逐步形成自己的研发体系和核心技术。通过“研发投入＋市场反馈”的双重驱动，华为在移动通信设备领域迅速崛起，成为全球领先的通信企业。

◆打破经验局限的注意事项

尽管突破经验的局限性很重要，但在实践中也需要注意策略实施的方式。以下几点是企业在打破经验限制时需要谨慎对待的方面：

1. 避免全盘否定

在突破经验的同时，管理者需要避免“全盘否定”过去的经验。经验之所以为经验，是因为在某种特定条件下确实有效。在创新的过程中，不妨借鉴经验作为基础，逐步改进和优化，而不是完全抛弃。

2. 谨防盲目冒险

虽然打破经验束缚是创新的必要条件，但在此过程中不应盲目冒险，特别是在重大决策上，仍需进行充分的风险评估和论证。

3. 鼓励试错但应控制成本

企业在打破经验的局限性时需要容忍“试错”，但这不等于无限制地试错。试错是创新的必要环节，但必须控制成本，避免将资源耗费在不必要的尝试上。

打破经验的局限性，不仅是为了适应快速变化的市场环境，更是为了让企业在竞争激烈的时代中保持敏锐性和灵活性。管理者应当在尊重经验的基础上，以更开放的心态、灵活的思维去迎接新变化、拥抱新挑战。毕竟，只有走出“经验的牢笼”，才能在未来的市场中立于不败之地。

第三节　未来思维：换掉今天的管理模式

随着全球化、数字化和技术革命的加速，企业面临的商业环境已经发生了翻天覆地的变化。传统的管理模式曾为很多企业带来了成功，但在面对快速变迁的市场，以及不断升级的消费者需求时，依赖于昨日的管理经验已远远不够。未来思维要求企业从根本上重新审视和调整管理模式，主动预见并拥抱变革，而不是被动适应。

未来思维与管理模式的挑战

传统的管理模式通常强调层级结构、目标导向的绩效评估，以及基于过去数据的决策方式。尽管这些模式在稳定和成熟的环境中行之有效，但在瞬息万变的商业环境下，这种固定的管理思维会导致企业应变迟缓，无法及时响应外部变化。未来思维则主张企业要“放弃对短期成功”的依赖，转向更灵活、跨领域合作和长远的战略规划。

◆什么是未来思维

未来思维是从长远角度出发，以适应变化、探索新趋势为核心的管理理念。这种思维模式要求企业管理者不仅专注于当下，还要有前瞻性，敢于探索未来可能的变化，并做好准备。未来思维的关键是“前瞻＋适应”——通过对趋势、数据和市场需求的深入理解，预见和应对未来可能的变化。

不过，未来思维不仅仅是画几幅理想的蓝图，而是需要通过创新和行动去实现。以阿里巴巴为例，在电商蓬勃发展的初期，它便率先投入了物流和支付领域的建设。阿里巴巴通过建设菜鸟物流和支付宝等关键平台，不仅有效提升了自身的业务效率，也提前布局了未来的市场需求。

在未来管理中，灵活性和创新是两大核心要素。灵活性让企业得以快速调整战略，创新则是面对新挑战的关键法宝。未来思维的管理模式鼓励企业管理者在制定战略时，不要局限于现有资源和既定流程，而要善于打破现有框架，拥抱全新的管理模式。

◆灵活应变：在变动中寻找机会

未来思维下的管理模式，不是对突如其来的变化束手无策，而是视变化为潜在机会。

比如，华为在面对全球市场的多重挑战时，并没有选择单一的业务路径，而是通过技术突破和产品多元化迅速调整战略，最大限度地减小了外部风险的影响。

◆技术赋能：为管理注入智能化基因

数字化和智能化是未来管理的重要组成部分。企业可以借助大数据、人工智能和物联网等前沿技术优化决策和流程。

以M× 为例，它从最早的团购模式起家，不断通过数据分析和智能技术优化客户服务，进而发展为涵盖外卖、共享单车、酒店、出行等多元化服务的科技平台。正是这些智能化的管理手段，让M×在服务体验和业务拓展上保持了高度灵活性。

未来思维的灵活性

未来思维要求企业具备打破传统、迎接不确定性的能力。这不仅仅是技术的创新，还包括对管理模式、组织结构和企业文化的全面变革。那么，如何运用“未来思维”呢？

在讨论 “未来思维的灵活性” 时，某米集团是一个极具说服力的国内案例。作为全球知名的科技企业，某米凭借对市场的敏锐洞察、灵活的创新策略以及高效的管理模式，在竞争激烈的科技市场中脱颖而出，成为行业标杆。

◆深度分析案例

某米公司成立于 2010 年，最初以高性价比智能手机切入市场，凭借互联网营销模式和“为发烧而生”的产品理念迅速积累了大量用户。随着市场环境的变化和消费者需求的升级，某米不断调整战略，实现了从单一手机业务向多元化生态链的跨越发展。

某米始终将用户需求放在首位，构建了独特的用户参与研发模式。通过 MIUI 论坛、微博等线上社区，某米与用户保持着高频互动，鼓励用户反馈使用体验、提出功能改进建议。例如，在 MIUI 系统的迭代更新中，大量功能优化和新特性的加入都源于用户的创意和需求。某米还定期举办“米粉节”，通过线上线下活动收集用户对产品的意见，快速响应并融入产品设计，这种深度的用户参与不仅提升了产品口碑，更增强了用户对品牌的认同感和忠诚度。

在业务拓展方面，某米展现出强大的跨领域创新能力。在稳固智能手机市场地位的同时，某米以手机为核心，围绕智能家居、智能穿戴、出行等领域布局生态链。通过投资孵化众多生态链企业，某米推出了涵盖智能手环、扫地机器人、空气净化器、智能音箱等在内的丰富产品矩阵，打造了“某米生态链”体系。这些产品以统一的设计语言、互联互通的技术架构，为用户提供了完整的智能生活解决方案，开辟了多个新的利润增长点，使某米从单纯的手机制造商转型为智能生活方式服务商。

在企业管理上，某米采用扁平化组织结构和“合伙人制”管理模式。减少管理层级，让信息能够快速传递，员工能够直接与高层沟通，极大提升了决策和执行效率。公司鼓励员工大胆创新，设立内部创业机制，对有潜力的创新项目给予资金、技术等全方位支持。例如，某米电视团队在成立初期，就获得了充足的资源和自主决策权，经过不断地进行技术攻关和产品优化，某米电视迅速成为国内销量领先的智能电视品牌。

面对市场危机和行业变化，某米也能快速做出反应。在全球芯片短缺、供应链受阻的情况下，某米一方面加强与芯片厂商的合作，提前锁定产能；另一方面优化供应链管理，调整产品生产计划，优先保障核心产品的供应。同时，某米加大自主研发投入，推出澎湃系列芯片，逐步降低对外部供应商的依赖，确保了企业在复杂环境下的稳定发展。

某米的成功充分展现了未来思维的灵活性，对企业发展的重要意义。通过深度关注用户需求、推动跨领域创新、优化管理模式以及灵活应对危机，某米不仅在竞争激烈的市场中站稳脚跟，还持续拓展业务边界，保持着强劲的发展势头。这种灵活性，正是现代企业在未来市场竞争中赢得优势的关键所在。

企业需要长远的战略眼光，从短期收益中解放出来，着眼于未来的趋势和可能性。通过提前布局技术和市场，企业才能在激烈的竞争中保持优势。

未来管理模式的注意事项

未来思维强调灵活性和适应性，但在实际管理中同样需要注意以下几点，以避免潜在的风险：

1. 避免“过度创新”

创新虽好，但过度追求创新可能带来资源浪费。在管理模式中，创新要有的放矢，确保创新的方向和节奏符合企业战略和市场需求。例如，很多初创企业盲目扩张业务，导致资金链断裂，甚至陷入困境。因此，创新需要有明确的目的性和资金等资源的合理分配。

2. 建立数据安全机制

未来思维依赖于技术，而技术的发展伴随着数据安全的挑战。随着物联网、AI 等技术的普及，企业的数据保护变得至关重要。以华为为例，它在数据安全上采取了多层防护措施，确保用户和企业信息安全。这种措施不仅是对用户负责，更是对企业声誉的长远保障。

3. 谨慎实施“去中心化”

虽然未来管理强调灵活性，但“去中心化”也需谨慎实施。在实际操作中，完全“去中心化”可能导致权责不清、管理混乱。因此，“去中心化”需要有层级地逐步下放，并保留一定的监管机制，以确保组织的基本稳定。

未来思维的三大建议

未来思维下的管理模式不仅要求企业适应变化，更要引领趋势。以下是三点建议，帮助企业更好地融入未来思维的管理模式。

1. 建立前瞻文化

未来思维要从文化入手，培养员工对未来趋势的敏感度。例如，企业可以定期举办“未来趋势研讨会”或“创新思维分享会”，鼓励员工提出对行业未来的见解。这种文化氛围不仅能激发员工的创造力，也有助于企业提前布局。

2. 推动技术与管理融合

未来管理要将技术融入决策过程。例如，通过数据分析、智能管理工具实现对客户需求的精准把握、对市场动向的迅速响应。企业可以考虑引入如 CRM、ERP 等数字化工具，实现信息管理、资源调度的智能化。

3. 在决策中保持弹性

面对不可预测的未来，弹性是最有效的武器。企业在战略规划中应留有空间，以便在必要时快速调整。建议管理者在制定战略时将“风险应对”作为核心考量，并为未来的市场变化保留足够的灵活度。

未来思维是企业在竞争激烈的市场中保持优势的重要法宝。通过灵活的思维、智能化的技术、以人为本的管理模式，企业将能够更好地应对未来的变化与挑战。在变化中找准方向，以未来思维塑造管理新高度，让企业在不确定的未来中稳步前行，才是打造尖端管理模式的核心所在。

第二章

失控的力量——弹性管理的新边界

在传统管理观念中，“控制”一直是维持组织稳定和保证效率的关键。然而，随着商业环境的复杂性和不确定性不断加剧，过度控制反而成为创新的阻碍。今天，许多成功的企业正在转向一种新的管理方式——弹性管理。弹性管理倡导在某种程度上的“失控”，通过放权和自控，让团队在灵活多变的环境中找到自己的驱动力。

本章将深入探讨如何在失控与创新之间找到平衡，揭示放权与自控，如何帮助企业构建自主驱动的团队文化。同时，我们还将探讨在危机中如何汲取灵感、从混乱中发现机遇，并通过接受不确定性保持企业的韧性。失控并不是失去方向，而是通过适当的放手，激发组织潜在的创新力和适应力，开辟管理的新边界。

第一节　失控与创新：为什么混乱反而带来机遇

混乱和失控听起来可能令人不安，但在企业管理和创新的语境下，这两个概念并不总是负面的。面对瞬息万变的市场、技术革命和复杂的全球环境，完全控制并不总是可行的。相反，失控或混乱往往能激发出创新的火花，让企业找到新的机遇和发展方向。

为什么混乱反而带来机遇

现代商业环境已经证明，当企业能够有意识地接受某种程度的混乱，给予员工更多自由并允许灵活的决策，往往能够激发更具颠覆性的创新。在大多数情况下，企业管理层倾向于通过细致的计划、严格的监控以及复杂的流程，来控制业务的方方面面。这样的管理模式往往会显得过于僵化，甚至会阻碍创新的发生。

◆混乱的潜在力量

混乱并不总是混乱。表面看似杂乱无章的现象背后，往往蕴含着无数可能性。管理学的经典理论——“混沌理论”就提到，一切复杂系统都包含着某种可被识别的秩序。简单来说，即便是看似毫无头绪的局面，实则也是整个大局中的一个小插曲。因此，与其在混乱面前手忙脚乱，不如将混乱视为“新机遇的种子”。

接受变化：将变动视为成长的契机

首先，企业要有迎接变化的心态。不少管理者在面对不确定性时，往往选择强制控制局面，以期“重归秩序”。然而，强制的管理往往会带来更多问题，让员工的积极性受挫。与其这样，不如学习 D× 出行的模式。

D× 出行作为一个以共享经济为基础的公司，必须在符合法律法规、适应市场环境、满足用户需求等多种变化中灵活调整。D× 出行通过区域化策略，将管理权限分散到不同的市场，赋予区域负责人更大的调整权，这样既确保了服务的灵活性，也让团队可以更快速地应对市场需求的变化。

放手授权：激活团队的自主性和创造力

在混乱中寻找机会，单靠一个人或一部分人的努力是远远不够的。

放手授权不仅能提高企业的灵活性，还可以激发员工的创造力。

以 A××× 的“放手授权”为例，它在分支业务中赋予各部门更高的决策权限，让每个业务单元都像一个独立的“小公司”。这种组织结构虽然看似松散，但在应对市场变化时却显得格外灵活。

激发创新：混乱中总能带来新思路

混乱往往是打破常规的催化剂，因为在这种环境下，企业和员工会更愿意尝试新方法，甚至是原本被视为“不合常规”的举措。

例如，字节跳动（TikTok 母公司）就采取了“无限流量”的内容分发策略，而非传统的“关注 + 推荐”模式。通过这种创新策略，字节跳动迅速抢占了用户的注意力，最终在短视频领域开创了新局面。

适度失控

创新的发生，往往是因为企业允许一定程度的不确定性，鼓励冒险和实验。“失控”为员工提供了一个更为宽松的环境，他们可以在其中试错、挑战现状，不会因为失败而受到过多的惩罚。这种文化使得创新能够更快速、更频繁地发生。

除了企业内部管理的“失控”，企业在市场中的“失控”，仍是重中之重！

◆ W× 汽车是一个非常典型的案例

作为一家致力于高端电动车制造的企业，W× 在市场竞争和技术革新的过程中，经历了看似“失控”的阶段，但这些挑战最终为其带来了新的机遇。

W× 汽车成立于2014年，定位为高端电动车品牌，瞄准特斯拉等国际电动车制造巨头的市场。然而，随着市场竞争加剧、技术更新以及资金短缺等问题，W× 一度面临巨大的压力，看似进入了“失控”状态。

财务危机：2019年，W× 在资金链上遭遇巨大挑战，研发成本增高，销售压力增加，公司市值一度大幅下跌，使得公司面临生存危机，甚至一度出现不好的传闻。

创新的换电模式：尽管面临诸多挑战，W× 并没有放弃，而是在混乱中找到了创新的机遇。面对资金紧张和技术瓶颈的难题，W× 果断推出了换电模式，通过换电站解决电动车用户的充电时间问题。这一模式虽然在早期遭到质疑，但在实际推广中大大提高了用户的便利性，并获得了政府的政策支持。

用户社区与品牌忠诚度：W× 始终保持与用户的紧密联系，打造了一个独特的用户社区“W× 车主俱乐部”。即便在困难时期，W× 仍保持着与用户的沟通，通过线上线下的互动增强用户的品牌忠诚度。这一方式帮助 W× 度过了发展危机，并建立了强大的用户基础，使得品牌在市场中的地位更加稳固。

引入战略投资：在财务危机最严重的时候，W× 通过合作获得了大量资金注入，为其后续的发展奠定了坚实的基础。

通过这些“失控”中的创新举措，W× 成功地扭转了局面。在2020年，W× 的股价大幅反弹，销售业绩也实现了显著增长。如今，W× 不仅在中国市场站稳脚跟，还在全球范围内拓展业务。其换电模式、智能汽车生态系统和与用户的紧密互动都成了其竞争优势。

适度的“失控”不仅让公司更清楚地意识到自身的不足，也促使企业在危机中进行大胆尝试和突破。在快速变化的环境中，企业不能再依赖一成不变的计划和控制系统。“混乱”的特质恰恰是能够让企业，在不确定性中找到应对之道。当市场和技术环境发生变化时，企业需要能够迅速做出调整，转变方向。这种敏捷性往往来自混乱中的机遇。

“失控中的控制”

企业文化是影响创新的重要因素，而“混乱”可以是企业文化重塑的催化剂。在企业的转型过程中，打破固有的规则和控制体系，接受一定程度的混乱，往往能够帮助企业突破瓶颈，建立更具创新力和包容性的企业文化。

◆深度分析案例

XP 汽车作为中国电动汽车的新兴力量，曾在其发展过程中面临技术创新与市场不确定性的双重挑战。由于电动汽车行业的技术更新迅速，且市场竞争激烈，XP 汽车选择了一种灵活的管理方式，即在内部运营中保留核心战略的控制权，但在技术创新和市场适应上给予团队较大的自主权。

XP 汽车在自动驾驶技术领域的快速进步，正是得益于“失控中的控制”。公司选择不对所有研发项目进行过度管控，而是鼓励研发团队自主探索和试验，这种灵活的管理方式，使得团队能够迅速应对技术的变化。虽然每个小组在细节上具有高度的自由，但公司高层始终把控核心战略——专注于用户体验的自动驾驶技术。在这种开放创新的环境中，XP 成功在电动车行业内，推出了具有竞争力的自动驾驶功能，快速吸引了用户和市场的关注。

XP 汽车证明了在快速变化的市场中，适度放权和灵活应对，不仅不会导致失控，反而能够为企业带来更多创新机会和市场优势。

尽管“混乱”和失控能够带来创新和机遇，但这并不意味着完全抛弃控制。关键在于找到“适度失控”的平衡点，既能为创新提供足够的自由空间，又不会导致完全的无序。管理者需要学会如何驾驭“混乱”，利用不确定性创造机遇，同时确保公司在关键环节保持一定的控制力。

在“混乱”中推动创新的三大建议

第一、打造“混乱激励”机制，奖励敢于尝试的创新者

鼓励创新不仅需要口头表扬，更要有实际的激励机制。以 J× 为例，J× 不仅在技术创新上鼓励员工提出新想法，还建立了针对不同业务单元的创新奖项。这种激励机制不仅帮助 J× 在物流和仓储上实现了突破，也让团队成员更愿意在“混乱”中积极尝试新的解决方案。

第二、引入“开放式试错”，避免一次性全盘投入

企业在试水新领域时，可以采用“开放式试错”的方式，即从小范围试点开始，逐步扩展。比如腾讯就采取了分步试探的策略，先从用户数较小的市场入手，逐渐积累经验，再进入更具挑战的市场。这种策略不仅降低了风险，也让腾讯在市场扩展时更有信心。

第三、加强团队培训，提升员工适应变化的能力

面对混乱，员工的适应力至关重要。企业可以通过培训提高团队的应变能力和创新思维能力。比如字节跳动就设置了内部的学习成长平台，帮助员工在专业技术、管理和市场洞察上不断成长。这种持续的培训不仅能增强了团队的适应力，也为企业在混乱中持续创新提供了源源不断的动力。

在未来，企业面对的市场环境只会更加复杂。过去的管理思维往往追求秩序，而未来的管理模式则要学会拥抱“混乱”、拥抱变化，并在这种环境中找到前行的方向。每一个企业都应在“混乱”中找到属于自己的机会，以灵活多变的策略和创新思维，迎接未来的每一次挑战。

第二节　放权与自控：构建自主驱动的团队文化

在当今快速变化的商业环境中，传统的自上而下的管理模式正在逐渐失去吸引力。企业正越来越多地将目光转向一种更加灵活、更加创新的管理模式，即通过放权和自控来构建自主驱动的团队文化。这种模式不仅能够提高员工的创造力和生产力，还能增强他们的参与感和责任感。

自主驱动文化的定义

自主驱动的团队文化是一种赋予团队或个体更多决策权的管理方式。在这种文化中，员工不再是被动的任务执行者，而是能够主动参与到企业目标的制定和实现过程中。自主驱动文化的核心是信任、透明和责任感。

信任：领导层需要相信员工有能力做出明智的决策，并愿意承担相应的责任。

透明度：信息的开放与共享，有助于确保员工能够基于全面的信息做出正确的决策。

责任感：员工被赋予更多的自主权后，需要对自己所做的决策及其结果负责。

创新往往来自基层员工的灵感和实践，而不是高层的决策。如果企业能为员工提供足够的自由空间，让他们去探索和试验，创新就会随之而来。放权与自控，为创新提供了土壤，因为它们打破了传统的层级结构，鼓励员工主动思考、提出问题并寻找解决方案。

自主驱动的文化能够激发员工的创造力，使他们更愿意尝试新事物，甚至从失败中学习。这种自由度与责任感的结合创造了一个良性的循环，创新与灵活成为企业成长和竞争力的源泉。

◆深度分析案例：H× 集团的“人单合一”模式

H× 集团是全球知名的家电制造企业，近年来通过实施“人单合一”管理模式，成功实现了由传统企业向互联网企业的转型。“人单合一”指的是员工的个人价值实现，与为用户创造的价值进行统一，即每个员工都以用户为中心，并且与其所负责的业务单元直接挂钩。

这种模式本质上，是一种放权与自控的尝试。H× 将公司内部的每个部门或项目团队视为一个“小微企业”，赋予它们更大的自主权和责任感。每个“小微企业”不仅负责运营自己的业务，还要对其业绩和用户满意度负责。这种模式下，团队能够快速响应市场变化，并根据用户反馈及时调整产品或服务。

自主驱动的成功关键首先在于“去中心化”，通过将权力下放到“小微企业”，H× 的管理层确保了决策能够更接近市场前线，缩短了响应时间。其次是激励机制，员工与团队的收入与其业绩挂钩，进一步激发了员工的积极性和创新动力。最后是保持高度灵活性，每个团队可以根据自身情况调整运营策略，快速试错并优化。

这种放权模式不仅提升了 H× 的市场反应能力，还增强了企业内部的创新氛围，使得 H× 能够在竞争激烈的家电市场中继续保持领先地位。

放权与自控并不意味着企业领导者完全放弃管理，而是通过合理的分权机制，将更多的决策权和行动自由交给基层员工或团队，从而激发他们的潜力。这种方式有助于企业在复杂且多变的环境中，迅速做出反应并推动创新。

如何平衡放权与自控

尽管放权与自控能够带来诸多好处，但如果没有合理的管理框架，也可能导致混乱。企业需要在自由与控制之间找到平衡。完全放任不管可能导致决策失误或资源浪费，而过度控制又会压制创新。

在企业管理中，放权与自控可以激发员工的创造力和责任感，但同时也需要有一定的控制措施，以确保公司整体战略的执行不偏离方向。以下是一个国内企业成功平衡自由与控制的案例。

◆深度分析案例：P××× 的团队自控与文化建设

P××× 作为国内潮玩领域的领军企业，通过放权与自治构建了一支高度自驱的团队。在潮流玩具市场中，P××× 通过灵活的管理模式，赋予员工极大的自主权，同时通过公司文化引导和系统控制，确保公司战略一致性。

将“自由”赋能团队：P××× 特别重视设计和创意团队的自主性。公司允许设计师在创作潮流玩具时，拥有较大的自由度，从概念到产品开发，设计师可以根据市场趋势和个人创意进行发挥。每个团队可以自主探索新的潮玩形象和系列，灵活应对年轻消费者的喜好变化。

通过这种放权，P××× 的设计师团队，能够快速响应市场需求，持续推出符合潮流的产品。经典的 Molly、Dimoo 等热门 IP 形象，就是在设计师拥有充分创作自由的基础上诞生的，极大地增强了公司的市场竞争力。

让“自由”与“控制”共同成长：尽管 P××× 在创意上给予了团队高度自由，但为了维持品牌调性和战略一致，公司通过数据分析和品牌文化的统一管控，确保整体方向不失控。P××× 依靠其大数据平台，实时监控市场反馈，追踪每个产品的销售情况，并根据销售数据调整生产和推广策略。这样，公司可以快速发现有哪些 IP 形象或产品系列在市场上获得了成功，并指导团队进行相应调整。

同时，P××× 也通过文化价值观的统一性，保持品牌的一致性。在公司内部，P××× 明确设定了“潮流、年轻、创造力”的品牌调性，所有设计师和团队都需要在这一框架下进行创作。尽管团队拥有高度的自主性，但所有产品必须符合 P××× 的品牌形象和核心理念，从而确保消费者对品牌的认知不被削弱。

P××× 的管理方式，成功平衡了自由与控制。通过放权，P××× 鼓励团队探索创新，提高了员工的创造力和积极性；同时，公司又通过数据化手段和文化统一性，确保了整体战略的稳定性。P××× 的这种管理模式，既促进了员工的自我驱动，又维持了公司在市场中的竞争优势。

这种平衡使 P××× 在竞争激烈的潮流玩具市场中迅速崛起，不仅通过持续创新赢得了消费者的青睐，也通过精准的战略控制保持了业务的可持续增长。

企业需要明确其核心目标和战略方向。虽然员工可以享有自主权，但他们的行动必须与公司的整体愿景保持一致。同时，要建立透明的沟通机制，确保员工能够获取他们所需的所有信息，以便在做决策时能够基于全面的事实和数据。开放的沟通能够增强团队之间的信任与合作。

推动放权与自控的平衡发展，不仅是企业内部的管理优化，也是一种战略选择。要让放权与自控走得更远，企业需要在文化和战略层面上下功夫。

以下是一些促进平衡发展的建议

建议 1：营造开放的企业文化

开放的企业文化能激发员工的创造力和责任感，而这正是自控的核心要素。企业可以通过定期的意见征集、开放讨论等方式，鼓励员工表达想法和建议。

例如，W× 公司通过“每周 CEO 答疑”环节，让员工能直接向管理层提出问题。这种开放的交流环境不仅提高了员工的参与感，也让企业的管理更加透明，增强了放权的效果。

建议 2：建立高效的沟通机制

高效的沟通机制是放权和自控得以成功的基础。

在 A×××，各个业务团队通过内部社交平台“钉钉”保持高效沟通，实现信息共享和实时反馈。这种实时沟通的方式不仅能快速解决问题，还让管理层可以随时了解每个部门的状态，从而更好地支持放权与自控的平衡。

建议 3：定期进行“自制力”培训

员工的自制能力并非与生俱来，企业可以通过定期培训提高员工的自我管理能力，帮助他们在放权的环境中找到自我定位。

H× 在内部培训中会特别强调“责任心”和“自主意识”，让每位员工从进入公司开始就意识到自我管理的重要性。这种培训不仅帮助员工更好地适应放权环境，也让公司在放权和自控的管理过程中更加稳定。

放权不应一蹴而就，企业可以从较小的决策开始，逐步增加团队的自主权。通过这种方式，团队能够逐渐适应自治的工作方式，并积累经验。对于那些尚未习惯自主决策的团队，企业可以提供相关的培训和资源，帮助他们更好地应对责任和决策压力。

总的来说，放权与自治的平衡并非单一的管理方法，而是企业在发展过程中不断适应的管理选择。每个企业都可以根据自身的情况，逐步摸索出最适合的方式，让“放权与自治”在创新和效率的双重驱动下，为企业未来的发展注入源源不断的动力。

第三节　接受不确定性：在快速变化中保持韧性

在当今的全球经济中，不确定性成了常态。企业所面临的市场环境充满了不可预见的变化——技术的飞速发展、全球化的竞争、政治与经济的不稳定因素等，都使得企业在规划和执行过程中不可避免地面临各种挑战。

在这种情况下，保持韧性和适应力，学会接受不确定性，成为企业生存和发展的关键要素。管理中的韧性指的是企业在面对不确定性时，依然能够保持灵活应对、从容调整并最终实现业绩持续增长的能力。这种韧性不仅依赖于企业内部的管理模式、决策机制，还需要员工心态的调整与公司文化的支持。

应对不确定性的关键要素

20 世纪末和 21 世纪初，企业面临的外部环境大多是稳定的，规划和长期战略可以通过一系列假设来预测。然而，进入 21 世纪后，信息技术的爆炸式发展、互联网的普及以及金融市场的动荡，使得企业不得不在高度复杂和快速变化的环境中运作。

那些能够在混乱中保持韧性的企业，无论是通过快速调整业务模式、优化供应链还是创新产品和服务，最终都在危机中脱颖而出。接受不确定性已经不仅仅是一种防御性手段，更是一种主动出击，确保企业在未来持续发展的战略。

◆将“不确定性”视为机遇：从挑战中找到机会

不确定性并非完全的威胁，它可能潜藏着机遇的种子。企业在接受不确定性、理解不确定性的过程中，往往会激发出新的策略和方向。

案例：F× 的“共享度假”模式

F× 作为 A××× 旗下的在线旅行平台，近几年来快速调整策略，将共享度假资源引入旅游业。当全球出行受阻时，F× 通过与度假村、精品民宿合作，推出“共享度假”模式，提供家庭、团体出行的特别体验。这种创新不仅缓解了企业短期收入压力，还帮助平台建立了与客户更深层次的关系，成为国内旅游市场复苏的亮点之一。F× 成功地将不可控的影响转变为创新机遇。

◆灵活决策与敏捷管理：快速响应市场变化

面对快速变化的市场，企业必须具备灵活决策能力，避免层层审批带来的拖延。敏捷管理不仅是快速响应，也是精准调整策略的重要支撑。

案例：M× 的灵活调整策略

M× 在本地生活服务市场遇到的不确定性主要是“用户需求”的快速变化和新的竞争者涌入，为此，M× 不断推进“轻量化管理”，减少不必要的审批流程，让前线团队拥有更多的决策权。尤其是近几年，M× 更是快速调整业务重心，将资源集中于外卖、在线生鲜配送等高需求领域。敏捷管理让 M× 迅速适应市场变化，进一步巩固了其行业地位。

◆建立风险预警机制：及时识别并防范潜在威胁

风险预警机制是企业的“前哨站”，帮助企业在风险爆发前采取必要的防范措施，减少危机对运营的冲击。

案例：H×× 的风险防控体系

H×× 以其对市场敏锐的洞察，以及高效的风险防控体系著称。在 2020 年初期，H×× 便迅速启动了全国门店的紧急预案，包括无接触外卖和线上排队预约，避免了门店停摆的困境。此外，H×× 的员工实时反馈系统帮助管理层快速获取前线信息，为企业决策提供了支持。这一灵活的风险预警体系，极大地提高了 H×× 的抗风险能力。

◆培育适应性文化：让团队具备自我调整能力

企业文化是员工应对变化的底气。塑造适应性文化可以帮助员工在不确定的环境中更具心理韧性，增强团队的协调性和响应能力。

案例：字节跳动的文化适应力

字节跳动因其快速调整的文化氛围而闻名。公司在各部门推行“数据驱动”文化，鼓励员工根据实时数据优化产品决策。例如，在进入国际市场后，字节跳动快速组建了本地化团队，通过对市场反馈的快速分析进行内容调整。在多元化文化下，员工始终保持适应性和创新性，不断应对新环境，字节跳动的全球化进程也因此变得更加顺畅。

◆数据驱动决策：利用信息管理减少不确定性

数据驱动管理是一种将不确定性“量化”的方法，通过大数据分析，企业可以获得更精准的市场洞察，从而在决策时具备更强的依据。

案例：XP 汽车的用户数据管理

在新能源汽车市场竞争激烈的情况下，XP 汽车通过数据驱动决策保持领先。XP 通过其智能车联网系统收集用户驾驶习惯、充电习惯等数据，实时更新产品的功能体验。比如，在充电设施布局上，XP 会分析用户的行驶路径，为用户提供高效的充电网络布局建议。数据分析让 XP 在不确定的市场需求中保持了精准的服务响应，同时也建立起了一个面向未来的智能生态系统。

◆打造多元化团队：在多样性中挖掘创新力量

多元化团队为企业在不确定的市场中提供了多种视角，帮助企业在快速变化的环境中不断激发出新思维和提高创新能力。

案例：O××× 的多元团队

O××× 在市场扩展中面临高度不确定性、市场需求和文化各异，通过多元化的团队，综合不同的背景和视角，在印度、东南亚等地的市场上推出符合当地习惯的手机产品。O××× 的多元化团队帮助企业迅速适应当地市场需求，打破了文化障碍，并加快了其全球市场的拓展步伐。

◆整合外部资源：利用生态系统增强应对能力

企业面对不确定性时，不必单打独斗。外部资源可以帮助企业快速响应市场需求、获取新技术和资源，以增强自身适应能力。

案例：宁德时代的跨界合作

宁德时代在新能源产业中，通过与汽车制造商、小米、百度等合作，建立了广泛的生态系统。面对市场需求和技术变革的不确定性，宁德时代通过与合作伙伴的协同创新、共享信息资源和研发成果，确保了其在市场中的快速响应能力。这一合作不仅为宁德时代带来新的商业机会，也提升了其在不确定市场中的竞争力。

◆设置弹性机制：在不确定性中保留调整空间

在快速变化的市场中，设置弹性机制可为企业带来一定的缓冲空间，确保其在应对突发事件时具有足够的资源和灵活性。

案例：J× 的"无接触配送"

面对突发事件引发的物流不确定性，J× 迅速推出"无接触配送"服务，这一服务模式让 J× 迅速调整了物流配送的方式，保障了物流的安全性和效率。同时，J× 还储备了充足的物资资源，通过弹性供应链管理实现了高效的调度，从而在不确定环境下保障了客户的需求。

◆应对不确定性的"误区"

误区一：过分依赖单一产品，忽视多样化风险

案例：G× 电器曾长期依赖空调产品的市场霸主地位，但随着家电市场逐渐趋向饱和，单一产品的依赖带来了巨大风险。G× 意识到这种不确定性风险，于是逐步拓展产品线，进入了智能家居、生活电器等领域。

误区二：短期决策频繁调整，缺乏长远战略

案例：R× 网在互联网早期凭借社交平台广受欢迎，然而由于短期内缺乏清晰的战略方向，公司先后尝试进军直播、电商、社交游戏等多个领域。然而，这种缺乏深入规划的多次转型使得企业始终未能在任何新领域站稳脚跟，反而逐渐失去了用户基础和市场地位。

误区三：盲目追随行业热点，忽视企业核心竞争力

案例：L× 网在短期内快速布局了影视、手机、体育等多个领域，试图“跨界”发展。然而，公司的扩张脱离了原本在视频内容领域的核心竞争力，最终导致资源分散、资金链断裂。L× 的经验表明，盲目追随行业热点而忽视企业实际能力，容易在不确定性中被市场淘汰。

误区四：僵化的内部流程，缺乏灵活应对机制

案例：在快递行业飞速发展的背景下，Z× 快递一度面临运转流程过于复杂、服务效率难以提升的问题。为打破这种僵化现象，Z× 果断引入数字化管理，将数据应用于仓储、分拣、配送等环节，实现了高效的全流程管理。

在面对不确定性时，企业文化起到了至关重要的作用。一种支持变化和接受失败的企业文化，能够帮助企业在危机中保持韧性。为了在不确定性中取得成功，企业需要培养一种“成长型心态”，即认为失败和挑战是学习和成长的机会，而不是失败的标志。

这种意识不仅需要体现在企业的管理层，还需要在整个企业中得到普及。员工在面对挑战和变化时，如果能够感受到公司的支持和信任，他们就更有可能以积极的心态，去应对问题并寻找创新的解决方案。

第三章

从权力到影响力——管理中的软实力革命

在传统的管理框架中，权力常常被视为领导者最主要的工具，通过命令与控制来确保任务的完成。然而，随着现代企业文化的进化，单纯依赖权力的管理方式逐渐显露出局限性。影响力，作为一种更为柔性的力量，正在成为新的管理核心。这种软实力能够比强制命令，更深刻地激发团队的积极性与创造力。

本章将深入探讨权力与影响力的本质区别，分析为什么影响力比命令更有效。我们将揭示如何通过沟通、信任和情感来塑造团队文化，如何让领导者从指挥者转型为启发者。在现代企业中，影响力不仅是领导者个人能力的体现，更是推动团队合作与创新的关键。通过影响力而非权力去领导，能够使团队成员从被动服从转向主动协作，从而推动组织向前发展。

第一节　权力错觉：为什么影响力比命令更有效

在传统的管理体系中，权力往往被视为管理者能够高效驱动团队、促进企业发展的核心工具。今天的管理实践表明，影响力往往比权力更为持久和有效，它能够通过构建信任、激励团队、协同合作来推动更深层次的改变。影响力强调的是一种非强制性的、基于信任和认同的领导方式，能够激发团队成员的内在动力，实现更高效的绩效管理和长期的企业成功。

权力与影响力的本质区别

在管理学中，权力通常被定义为一种正式的、由职位赋予的控制权。权力的来源可能是层级结构中的高位、职位赋予的控制资源的能力，或是对惩罚的控制等。这意味着权力更依赖外部的形式和结构，管理者通过命令和控制来施加影响，通常采取自上而下的方式。

相比之下，影响力则是一种软性力量，它源自领导者的人格魅力、专业知识、情感共鸣以及与团队的关系。影响力不是通过命令来实现目标，而是通过赢得他人的自愿合作和支持。影响力强调的是建立信任，理解团队需求、激发内在动机，让团队自发地朝着共同目标努力。

◆深度分析案例：Z× 的管理实践

Z×，作为中国知识分享平台之一，凭借其丰富的内容生态和用户社区，迅速成长为国内互联网行业的重要一员。Z× 的成功在于其独特的文化和管理理念，尤其是在权力与影响力的运用上，展现了两者之间的本质区别。

权力的表现：在许多企业中，权力往往集中在高层管理者手中，决策过程通常由少数领导者控制。这种传统的管理方式，可能导致信息不对称和创新能力的下降。而 Z× 的管理者意识到，单纯依赖权力进行命令式管理，并不能激发团队的创造力。

Z× 的创始团队推崇开放和透明的工作文化，鼓励各部门之间的沟通与协作。在这种环境下，团队成员可以自由表达意见，即使是对高层决策的质疑，也被视为一种积极的反馈。管理者的权力更多体现在支持和指导，而不是单纯的控制和命令。这种权力的行使方式，有助于建立信任感，从而提高团队的积极性。

Z× 的管理者在工作中，更倾向于通过影响力引导团队。领导者通过自己的专业能力和人际关系，与团队成员建立密切的联系。这种影响力体现在以下几个方面：

示范作用：管理者通过自己的行动来激励团队。例如，Z× 的高层经常参与内容创作，与普通员工一起分享知识和经验。这种行为不仅拉近了其与员工的距离，还增强了团队的凝聚力。

赋能与支持：Z× 倡导“以人为本”的管理理念，管理者鼓励员工自主决策，给予他们足够的空间去尝试和创新。在产品开发过程中，团队成员可以提出自己的想法并进行试验，而管理者的角色则是提供必要的资源和支持，帮助他们实现目标。

沟通与反馈：Z× 注重开放式沟通，定期召开团队会议和交流会，让员工有机会分享自己的观点和建议。管理者会认真倾听员工的反馈，通过反馈调整管理策略，从而增强员工的参与感和归属感。

权力与影响力的本质区别：Z× 的案例清晰地表明，权力与影响力在管理实践中的本质区别。权力主要与职位、命令和控制相关，而影响力则侧重于人际关系、沟通和激励。在 Z×，管理者虽然拥有一定的权力，但更注重运用影响力来推动团队的工作，创造一个积极、开放的工作环境。

Z× 的成功经验表明，在当今快速发展的商业环境中，影响力比命令更为重要。管理者如果能够通过积极的互动与合作来发挥影响力，将能更好地激励团队，推动企业的创新与发展。这种管理理念不仅提升了员工的积极性，还为企业在复杂多变的市场中，提供了持续的竞争优势。

权力的影响往往是短期的，当权力施加的压力消失时，团队的积极性也随之消失。过度使用权力容易引发员工的不满和抵触情绪，最终可能导致工作效率下降或人才流失。相比而言，影响力却有着得天独厚的优势，它能够通过激励员工自我驱动，激发更持久的动力和忠诚度。通过共情和沟通，领导者能够赢得团队的信任，建立起更强的合作关系。影响力强调的是对员工的理解和支持，从而更好地激发员工的创新思维和主动性。

如何在管理中提升影响力

影响力的提升并不是一朝一夕的事情，它需要通过长期的信任积累、情感共鸣，以及个人行为的榜样力量来实现。以下是一些提升影响力的关键策略：

◆建立信任

信任是影响力的基石。管理者只有赢得了团队的信任，才能在没有强制手段的情况下获得员工的支持。信任的建立需要通过开放的沟通、诚实的反馈，以及对员工的尊重来实现。领导者应当展示出对团队的关心，了解员工的需求，并在日常工作中体现出对他们的支持。

◆成为榜样

影响力往往来自领导者的个人行为。管理者应当通过自身的行动和表现树立榜样，为团队提供一个可以效仿的标准。例如，领导者的敬业精神、积极的工作态度、处理问题时的耐心等，都会对团队产生潜移默化的影响。

◆培养共情能力

影响力的另一个重要来源是共情，即理解并回应他人的情感和需求。共情能力能够帮助管理者与员工建立更加紧密的联系，理解他们的困难和挑战，并提供恰当的支持。当管理者展现出共情时，员工会更加愿意信任和支持他们的决定。

◆提供发展机会

长远的影响力，更体现在帮助员工实现个人成长和发展。通过为员工提供培训、发展机会以及职业晋升路径，管理者能够激发他们的内在动力，使他们更加投入地工作。这样的管理方式不仅提升了员工的能力，也增强了他们对公司的忠诚度。

◆深度分析案例：G× 如何在管理中提升影响力

G× 作为中国家电行业的标杆企业，其强劲的市场竞争力与品牌影响力，不仅得益于卓越的产品质量，更源于独特有效的管理模式。在提升企业与员工影响力方面，G× 的实践极具借鉴意义。

构建开放沟通体系：G× 构建了多元化沟通渠道。线上依托专属平台，员工可随时提交生产流程优化、产品设计改进等建议。如某新型空调研发时，一线员工反馈部件适配有问题，研发团队迅速响应并调整，提升了生产效率。线下定期开展员工座谈会，管理层与员工面对面交流，让员工声音直达决策层。这种开放机制，激发了员工参与企业管理的积极性，增强了员工在企业发展中的话语权。

推行项目制管理模式：G× 采用项目制管理推进业务发展。在智能工厂建设项目中，从研发、生产、信息技术等部门抽调骨干，组建跨部门小组。成员凭借专业知识，分别负责生产线设计、设备调试、系统搭建等工作。项目实施过程中，员工接触了多领域工作，积累了跨部门协作经验，既提升了综合技能，又在不同业务板块树立了专业形象，扩大了个人影响力。

完善激励机制：G× 建立了物质与精神并重的激励体系。物质上，设立创新奖金，对提出技术改进、营销创意的员工给予重奖，并将绩效与薪酬挂钩。精神层面，定期评选 “创新标兵” 等荣誉，宣传优秀员工事迹。例如，某技术团队攻克空调核心部件节能难题，不仅获高额奖金，还被授予 “创新团队” 称号，激励更多员工发挥创造力，在团队中展现更大价值。

强化培训与发展：G× 通过系统培训助力员工成长。G× 学院针对不同岗位、层级开设技术研发、管理提升、行业趋势等课程。新入职研发人员由资深工程师一对一指导，并参与实际项目；中层管理者定期参加国内外培训与研讨会。这种 “理论 + 实践” 的培养模式，显著提升了员工的专业能力与综合素质，使其在团队中发挥了引领作用，提升了个人在行业内的影响力。

重视团队协作：在重大项目和产品研发中，G× 尤为强调团队协作。以新能源汽车项目为例，整合内部资源并联合外部伙伴，组建涵盖研发、生产、市场等部门的协作团队。各部门分工明确，通过定期会议与协同机制，及时解决问题。员工在协作中发挥专长、相互学习，既提升了项目成效，又增强了团队凝聚力，扩大了个人在团队中的影响力。

G× 电器通过以上管理举措，激发员工潜力，提升企业核心竞争力，实现了企业与员工影响力的共同提升，为制造业企业管理提供了宝贵经验。

影响力不仅仅是个人领导能力的体现，它还应该融入企业文化中。当企业整体都通过影响力来推动管理时，团队的合作精神、创新能力和员工满意度都将大幅提升。

相比之下，权力型管理通常会抑制员工的创新，因为员工担心错误带来的惩罚。然而，影响力型管理，则通过鼓励开放讨论和合作，能够激发员工的创新意识。影响力型管理注重的是建立长期的信任关系，而不是依靠短期的权力施加。

第二节　沟通的艺术：从强制到自愿的转变

沟通是企业中不可或缺的要素，尤其在当今的现代管理中，领导者如何与团队成员进行有效的沟通，已经成为影响企业成功的关键。传统的管理方式通常以强制沟通为主，即通过命令、规定和直接指示来达到目标。这种方式虽然可以在短时间内产生效果，但长期来看，往往会抑制员工的创造力和主动性。

而随着企业组织结构的变化和员工需求的多样化，“强制沟通”逐渐被一种新的沟通方式取代——自愿沟通，即通过影响、激励和启发，让员工自发地进行沟通和行动。这种方式不仅提高了员工的工作满意度，还促进了创新和合作，从而提升了企业的整体效能。

从强制到自愿的沟通转型

传统的强制性沟通方式，有其特定的历史背景。在工业革命时期，工厂中的劳动力主要以机械化操作为主，工人们更多地依赖于上级的指令和安排，因此命令式的沟通方式在当时十分普遍。然而，随着知识经济时代的到来，员工的需求发生了变化。他们不再满足于单纯的指令执行，而是渴望在工作中获得更多的参与感、成就感和自主权。

自愿沟通则是一种以信任为基础的双向互动，领导者通过倾听、理解和启发，鼓励员工自主表达想法和意见。在这种模式下，员工不再只是被动的接受者，而是主动的参与者。沟通不再是单向的“命令传达”，而是多向的“观点交流”。

◆深度分析案例：H× 的沟通转型

H× 在企业文化中强调沟通的重要性，尽管仍保留一些传统的强制命令特征，但其多样化的沟通渠道和灵活的管理机制为企业的沟通转型树立了榜样。

★“轮值 CEO”制度

H× 的“轮值 CEO”制度是其沟通转型的重要举措。每年，H× 会在不同阶段由不同的高管担任轮值 CEO，通过定期召开员工大会，轮值 CEO 会向员工介绍公司的战略目标，这样的安排使得高层领导能够直接与基层员工沟通。并鼓励他们提出意见和建议。这种机制不仅让高层能够及时获取第一手的信息，也让员工感受到他们的声音被重视。

★开放的反馈渠道

在 H× 内部，除了正式的沟通渠道，员工还可以通过各种非正式的方式表达自己的意见。比如，H× 鼓励员工通过微信群、讨论板等平台提出问题和建议。这样的做法让沟通变得更为灵活，也使员工在表达意见时没有心理负担。

通过案例分析，我们对强制沟通和自愿沟通进行了对比。

★强制沟通的局限性：

员工缺乏主动性：强制沟通往往使员工感到被控制，限制了他们发挥创造力和主动性。

沟通效率低下：命令式的沟通容易导致误解，且不利于解决复杂问题。

员工士气低落：长时间处于强制性的沟通环境下，员工可能会失去工作热情，导致士气低落。

★自愿沟通的优势：

提高工作满意度：员工在自愿沟通的环境下更有参与感，能够增强工作满意度和归属感。

促进创新与合作：通过开放式沟通，员工可以自由分享想法，促进更多的合作与创新。

增强团队凝聚力：自愿沟通建立在信任和理解的基础上，能够提升团队成员之间的凝聚力和合作精神。

如何实现沟通的自愿化

从强制沟通到自愿沟通的转变并非一蹴而就，它需要从文化、制度和领导方式上进行系统性的调整。以下是沟通转型的几个关键步骤：

◆对员工保持信任

自愿沟通的前提是建立在信任的基础上。领导者需要通过实际行动展现对员工的信任。例如，赋予员工更多的自主权，减少不必要的监督和控制。当员工感受到来自管理层的信任时，他们才会更愿意主动分享想法，参与沟通。

案例：W×× 的员工自治沟通体系

W×× 通过构建员工自治委员会，打造了一种以自愿为基础的沟通体系。过去的管理模式偏重“命令式”，难以听到一线员工的心声。W×× 引入员工代表定期会议，让各业务线的员工代表能够直接向管理层传达需求和建议，并参与决策讨论。这一沟通模式使员工自愿分享想法，创造了一种平等的交流环境，使得公司的决策更贴近实际需求。

◆鼓励双向反馈

强制性沟通通常是一种单向传递，而自愿沟通则强调双向互动。公司应当鼓励员工，向上级反馈他们的意见和建议，并确保这些反馈能够得到及时的回应和重视。双向反馈不仅能够解决公司潜在的问题，还能够让员工感受到自己对公司发展有重要的贡献。

案例：W×× 集团的开放式反馈系统

W×× 集团在沟通转型方面实施了开放式反馈系统，强调“自下而上”的沟通模式。过去的强制性指令沟通让员工感到被动，然而，W×× 推出的“创新与问题解决反馈平台”允许所有员工对公司的政策、教学内容、客户服务等各方面提出建议。对于有效的建议，公司会及时采纳并反馈结果。这一机制使员工感到参与公司的发展中，形成了一种自愿、主动的沟通氛围，逐步推动了组织的创新。

◆培养沟通技能

并非每个人天生都具备良好的沟通能力，因此，企业应当提供相关的培训和支持，帮助员工提升沟通技巧。无论是管理者还是普通员工，都需要学会倾听、共情、表达自己的想法，以及如何在不同场合有效沟通。

案例：L× 集团的“沟通导师计划”

L× 集团实施了“沟通导师计划”，安排经验丰富的员工担任“沟通导师”，为新员工提供一对一的指导。导师通过定期沟通分享职场沟通技巧，帮助新员工更快地适应企业文化并提升沟通技能。此外，导师会鼓励新员工参与跨部门会议和项目，让他们在实践中逐步提高沟通自信。该计划不仅让新员工迅速融入团队，也培养了整个公司更加开放的沟通文化。

◆营造开放的沟通环境

企业文化对沟通方式的影响至关重要。企业应当通过制定明确的工作流程，营造一种开放、包容的沟通环境，让每位员工都能感受到自己的声音被倾听。例如，企业可以定期召开全员会议，鼓励员工自由发言，或设立匿名意见箱，确保那些不愿公开表达意见的员工，也能参与到沟通中来。

案例：Y× 集团的“创意马拉松”

为了促进不同业务线之间的协作和创意交流，Y× 集团设立了每年一度的“创意马拉松”活动。在这次活动中，员工们自愿组队，提出改善产品、提升客户体验的新方案。通过跨部门组队和自愿参与，Y× 的员工能自由地分享想法、展示创新。这种方式使公司从强制沟通转型到自愿沟通，形成了全员积极参与的良好氛围。“创意马拉松”的活动模式提升了团队的凝聚力，也加强了员工的主人翁意识。

★注意事项与挑战：

抵制心理：在转型初期，一些员工可能对新模式抱有抵触情绪。管理层需要保持耐心，逐步引导。

沟通透明度：确保信息的透明度，避免因信息不对称导致员工的误解和不满，定期发布内部通讯，更新公司政策和决策背景。

管理者的角色转变：管理者需要从命令者转变为引导者和支持者，

这对许多传统管理者来说是一个挑战，加强对管理者的培训，帮助他们尽快适应这一转变。

从强制到自愿的沟通转型，是企业适应现代竞争环境的必然选择。企业能够有效提升沟通的自愿性，进而增强团队的凝聚力和创造力。在这一过程中，持续地反馈和迭代是关键，企业只有不断调整和优化，才能在复杂多变的市场环境中立于不败之地。

第三节　关系管理：如何把同事变成合作伙伴

在现代职场中，团队合作的有效性直接影响着企业的成败。随着企业结构日益扁平化，权力集中管理逐渐让位于协作和影响力的提升。关系管理，尤其是将同事转变为真正的合作伙伴，不仅有助于提升工作效率，还能加强创新与协作精神。

要实现这一点，管理者和员工需要通过信任、沟通、共同目标、相互支持等多方面的努力，将同事关系提升到合作伙伴的层次。接下来，我们将探讨如何将同事转变为合作伙伴。

关系管理的本质

关系管理不同于传统的上下级管理模式，它更强调协作、理解与支持。在一个理想的工作环境中，员工之间的关系不应仅仅基于任务的完成，而应在工作之外建立互信的合作关系。当同事之间的关系仅仅停留在表面的职场互动时，沟通与协作效率往往难以达到最佳状态。

首先，我们需要明确什么是“合作伙伴”。在职场中，合作伙伴不仅是能够共享信息与资源的同事，更是能够相互信任、共同奋斗的人。将同事视为合作伙伴意味着：

共同目标：大家朝着相同的方向努力，团队的成功就是个人的成功。

相互支持：在工作中给予彼此帮助与反馈，形成良好的沟通氛围。

开放心态：鼓励创新和实验，愿意接受对方的观点与建议。

这种关系的建立需要从团队的文化氛围、沟通方式及管理策略等多方面着手。

信任是所有人际关系的基础，尤其是在工作环境中，它决定了沟通的质量和合作的深度。在一个团队中，信任可以帮助成员之间减少误解和摩擦。为了将同事转变为合作伙伴，建立信任是至关重要的一步。信任并非一朝一夕就能建立，它需要时间和成员共同的努力。

沟通是关系管理的核心，沟通不仅仅是信息的传递，更是彼此理解、反馈与支持的过程。在沟通中，倾听是非常重要的技能。只有通过倾听，才能真正理解对方的需求和观点，从而更好地协作。

在沟通时，尽量避免打断对方，给予足够的耐心和尊重，让对方充分表达自己的想法。并尽量做到言简意赅，避免冗长和模糊的表述。有时候，非正式的沟通方式，如咖啡聊天、午餐聚会，能够让双方在轻松的氛围中建立更深厚的关系，从而有助于同事关系的升华。

◆深度分析案例：XC 的沟通观念

XC 作为中国领先的在线旅行服务平台，其成功的一个关键因素是其在内部沟通上，采取的多样化和高效化的措施。XC 在将同事转变为合作伙伴的过程中，特别注重实现有效的沟通，从而提升团队协作和整体绩效水平。

首先，XC 采用了扁平化的管理结构，鼓励员工在不同层级之间进行直接沟通。通过减少层级，员工可以更方便地与高层管理者交流，表达自己的观点与建议。例如，在一次旅游产品的开发中，产品经理可以直接与首席运营官讨论项目细节，而无须经过多个层级的审批，这种沟通的及时性极大地提高了决策效率。

其次，XC 还建立了多个沟通渠道以促进信息的高效流通。除了常规的会议和邮件，XC 引入了内部社交工具，像是企业微信等，让员工可以随时随地分享信息和反馈。例如，客服部门的员工，可以通过即时通信工具迅速反馈客户的需求与问题，相关团队能够即时响应，推动产品和服务的快速迭代。

再次，XC 定期组织跨部门的沟通会议，确保不同团队之间的信息共享。在这些会议中，各团队会就当前项目的进展、遇到的问题及解决方案进行讨论。这种跨部门的互动不仅增强了团队之间的理解，还为项目的成功提供了多角度的支持和建议。

又次，XC 还注重建立开放的沟通文化，鼓励员工提出建设性的反馈和意见。公司每年都会进行员工满意度调查，并针对反馈结果进行公开讨论，以确保每位员工的声音都被听到。这种重视员工意见的做法，使员工感受到自身在公司发展中的重要性，从而更愿意参与到团队合作中。

最后，XC 推出了“沟通达人”培训项目，帮助员工提升沟通技巧与表达能力。通过定期的培训与实践，员工不仅能够更好地表达自己的想法，还能更有效地倾听同事的意见，促进团队内的协作。

确保团队成员清楚了解公司，或项目的整体目标，让每个人都对自己的任务有清晰的认识。通过团队建设活动、表彰制度等方式，提升团队成员对公司文化和目标的认同感。公司应当建立奖励机制，奖励那些愿意跨部门合作、帮助他人实现目标的员工，从而强化合作文化。

★在推动同事成为合作伙伴的过程中，企业也需要注意一些可能的误区：

过度干预：虽然鼓励合作很重要，但过度干预可能会导致员工失去主动性。要给予员工足够的自由空间，让他们自主决定如何完成任务。

忽视个人需求：在强调团队合作的同时，不应忽视个体的需求与发展。每位员工都有自己的职业目标与发展愿望，企业需要关注这些差异，提供个性化的支持。

缺乏透明度：沟通不畅和信息不透明可能会导致员工的不满和疑虑。管理层需要保持透明，及时分享公司的发展动态和决策背后的原因。

在未来的职场中，合作伙伴关系将成为团队成功的重要基石。通过互信与合作，企业不仅能够提升整体绩效，更能激发员工的创造力与激情。记住，团队的成功来自每个人的共同努力，让我们携手并进，共同创造更美好的明天！

转变思维：从任务导向到关系导向

任务导向的管理方式通常专注于工作目标的完成，强调效率与成果。虽然这种方式在短期内能够带来一定的成效，但它往往忽略了团队成员之间的互动与关系的建立。任务导向的管理可能会导致员工的工作热情降低，甚至产生职业倦怠感，因为他们感到自己只是一个完成任务的工具。

相对而言，关系导向的管理模式，更加关注团队成员之间的互动与支持。它强调通过建立信任、尊重和理解，来增强团队的合作能力。这样的管理方式不仅能够提升工作满意度，还能激发员工的创造力与主动性，形成良好的工作氛围。

传统的管理方式往往强调任务的完成，而忽视了人与人之间的关系。关系管理提倡一种“关系导向”的思维方式，让管理者明白，团队的成功不仅仅取决于任务的完成，更依赖于成员之间的合作与信任。

★那么，如何实现这种思维转变呢？以下几个策略值得借鉴：

营造开放的氛围：创造一个能够自由表达思想的环境，让员工在讨论中感到舒适。开放的氛围能够激发创意，促进合作。

关注员工发展：将员工的个人发展与团队目标结合起来。提供培训和发展的机会，不仅能增强员工的能力，还能让他们对团队更有归属感。

鼓励跨部门合作：打破部门之间的壁垒，鼓励员工跨部门协作。在解决问题时，跨部门的视角往往能够带来更全面的解决方案。

★要将同事转变为合作伙伴，管理者需要采取一些具体的策略和技巧。以下是几个值得尝试的方法：

建立常规的团队活动：定期组织团队建设活动，例如团体运动、聚餐或主题研讨会。这些活动能够增进员工之间的了解和信任，使他们在工作中更加默契。

导师制度：在团队内部建立导师制度，让经验丰富的员工指导新员工。这不仅能促进知识的传递，还能加深员工之间的关系。

表彰与奖励：设立“最佳合作伙伴”奖项，表彰在团队协作中表现突出的员工。这不仅能够激励员工积极参与合作，还能塑造一种良好的团队文化。

积极反馈文化：培养一种积极的反馈文化，让员工之间能够互相反馈和支持。鼓励团队成员之间分享成功与失败的经验，让每个人都能从中学习与成长。

共同解决问题：在遇到困难时，鼓励团队成员共同探讨解决方案。集思广益的过程不仅能提升问题解决的效率，还能增强团队的凝聚力。

转变思维并不是一次性任务，而是一个持续的过程。管理者应定期对团队的关系管理效果进行反思与调整。在此过程中，管理者需要保持开放的心态，勇于接受反馈，并根据员工的意见不断改进管理策略。只有在持续的反思与调整中，团队的关系管理才能不断深化，管理者才能更有效地将同事转变为合作伙伴。

第四章
简化管理——少即是多的效能哲学

在现代管理中，复杂性常常被误认为是效率的体现。然而，过度的流程、层级和指令不仅会削弱团队的灵活性，还会阻碍创造力的发挥。相反，简化管理理念，主张减少不必要的干预和控制，以提高组织的效率与效能。这种“少即是多”的管理哲学，强调通过精简流程和去除烦琐的规章制度，能够更好地释放团队的潜力。

本章将探讨如何通过减少干预，激发团队的自我驱动力；如何简化管理流程，使决策更迅速、执行更有效；以及如何利用极简主义的思维，优化组织架构与决策过程。简化并不意味着牺牲质量，而是通过有效的管理策略，帮助团队更加专注、灵活，从而实现更高的工作绩效和长远的成功。

第一节　少干预，多创造：如何激发团队的自我驱动力

为了激发团队的创造力和自我驱动力，企业需要减少不必要的干预，让员工有更多的自主权和创新空间。在当今快速变化的商业环境中，企业需要快速适应和创新。传统的管理模式往往依赖于严格的指令和控制，但这种方式在现代工作场所中逐渐显得不够灵活。因此，探讨如何通过“少干预，多创造”的管理理念，来激发团队的自我驱

动力，已经迫在眉睫。

自我驱动的概念

自我驱动，是指个体在没有外部压力或强制的情况下，主动追求目标并为之努力的能力。这种内在的动机通常源于对工作的热情、对职业发展的期望以及对成就感的追求。在一个自我驱动的团队中，成员不仅能独立完成任务，还会主动寻找改进的方法和创新的机会。

自我驱动的特点如下：

主动性：自我驱动的员工会主动识别问题，并提出解决方案。

责任感：他们对自己的工作负责，乐于承担责任。

创造性：自我驱动的员工倾向于在工作中寻求创新，愿意尝试新方法。

学习意愿：他们对学习和成长持开放态度，愿意接受新知识和技能。

要激发团队的自我驱动力，首先需要建立一种信任文化。信任，是团队合作和创新的基础，只有当员工感到被信任时，他们才会愿意尝试新想法并承担风险。

如何建立信任文化呢？首先我们需要鼓励团队成员，自由表达意见和想法，创建一个没有批评的环境。而管理层在做出重大决策时，应向团队成员解释背后的原因，让他们了解公司的方向和目标。在项目中给予员工足够的权力，让他们能够自主决定，而不是被动执行指令。

◆策略与建议：如何培养自我驱动的员工

为了在企业中培养自我驱动的员工，管理者可以采取以下策略与建议：

★建立明确的目标

SMART原则：确保员工的目标具体、可衡量、可实现、相关且有时限。这样，他们能够清晰地知道自己该做什么，以及如何评估自己的进展。

定期回顾：组织定期的目标回顾会议，让员工有机会反思自己的表现，调整目标，并重新设定优先级。

★提供发展机会

职业发展规划：帮助员工制订个人职业发展计划，明确短期与长期的职业目标，并提供相应的培训与资源支持。

跨部门交流：鼓励员工参与跨部门项目，让他们接触到不同的业务领域，拓宽视野，提升综合能力。

★创造良好的反馈文化

360度反馈：实施360度反馈机制，让员工在不同层级之间获得全面的反馈，帮助他们了解自己的优势与不足。

正向激励：对自我驱动的员工给予认可与奖励，鼓励他们继续保持这种积极的工作态度。

★提升自主性与责任感

赋权与信任：管理者应给予员工足够的自主权，让他们在决策中发挥作用，增强责任感。例如，可以通过设定项目负责人，让他们全权负责项目的推进与结果。

容错机制：创建一个宽容的环境，鼓励员工勇于尝试，允许犯错。在犯错中学习，是培养自我驱动能力的重要途径。

自我驱动的概念为企业管理带来了新的视角和方法。通过培养员工的自我驱动能力，企业不仅能够提升工作效率，还能激发创新潜能。在未来的职场中，自我驱动将成为团队成功的关键要素。

提供必要的支持和资源

虽然减少干预很重要，但这并不意味着管理者可以完全放手不管。提供必要的支持和资源能够帮助员工更好地实现自我驱动，提升团队的整体效率。定期提供培训和发展机会，帮助员工提升技能。

◆深度分析案例：T× 的支持与资源管理

作为中国领先的互联网企业，T× 在支持和资源管理方面的实践值得借鉴。T× 不仅重视物质资源的配置，更加关注精神支持的建设。

★效率提升：灵活的办公环境

T× 的办公环境以“开放、自由、创新”为理念，提供灵活的工作空间，鼓励员工在不同的环境中找到最适合自己的工作方式。比如，T× 在深圳总部设有多个功能区，包括开放式办公区、安静的专注区和创意会议室，以满足不同员工的工作需求。

在这种灵活的工作环境下，一位产品经理在开放区进行头脑风暴时，得到其他团队成员的灵感启发，最终推动了新产品的成功开发。这种物质资源的优化使员工能够充分发挥创造力。

★效率提升：强化培训机制

T× 注重员工的职业发展，设立了丰富的培训课程，包括专业技能培训、领导力发展、行业前沿知识分享等。每位员工都可以根据自身的职业规划选择适合自己的课程。

某位新入职的技术工程师参加了 T× 的“新员工培训计划”，通过系统的学习和项目实战，快速适应了公司的文化与技术要求，成为团队中不可或缺的一员。这种精神支持极大地提升了员工的工作信心和积极性。

★效率提升：激励与认可机制

T× 还推行了多种激励措施，比如“优秀员工”评选、项目成功奖金等，通过物质与精神的双重激励，增强员工的归属感和成就感。某个项目组在成功交付一款新应用后，团队成员不仅获得了公司表彰，还享受到了一次海外考察的机会。这种认可机制有效激励了员工在后续工作中更加努力。

虽然“少干预，多创造”的理念在许多情况下，能激发员工的自我驱动力，但管理者仍不能放松心态。管理者在减少干预的同时，需要转变角色，从传统的指挥者转变为引导者和支持者。这意味着管理者需要不断提升自己的沟通能力和倾听能力，以更好地理解员工的需求和意见。

在实施“少干预，多创造”的理念时，建议从小规模的项目开始，逐步放宽对员工的干预。通过试点项目，观察员工的反应和效果，然后逐步推广到整个团队。

为了有效地支持员工，企业可以采取以下策略与建议：

★建立全面的培训体系

技能培训：为员工提供定期的专业技能培训，使其在职场中不断成长。

领导力发展：针对管理层设立领导力培训，提升其管理与沟通能力。

★设立清晰的沟通渠道

定期沟通会议：定期举行团队会议，提供一个开放的环境让员工表达自己的意见与建议。

反馈机制：建立员工反馈渠道，定期收集员工的意见，及时进行调整和改进。

★创造良好的工作氛围

团队建设活动：定期组织团建活动，增进员工之间的感情，增强团队凝聚力。

心理健康支持：提供心理咨询服务，帮助员工应对工作压力，保持良好的心理状态。

★给予充分的自主权

项目自主选择：允许员工在一定范围内选择自己感兴趣的项目，增强工作动机。

决策参与：鼓励员工参与决策，增强他们对工作的责任感与归属感。

管理者需要持续地支持，并鼓励团队的创新和自我驱动。通过定期的团队建设活动和反馈机制，让员工感受到管理层对他们的信任与支持。

在提供支持和资源时，企业需要注意以下几点，以避免潜在的误区：

★不应过度依赖物质激励

虽然物质资源在工作中至关重要，但过度依赖金钱激励可能会导致员工的工作动力不足。管理者应重视精神支持，增强员工的内在驱动力。

★不忽视个体差异

每位员工的需求和期望都不同，企业应尊重个体差异，提供个性化的支持与资源。例如，针对不同工作年限的员工，提供不同层次的培训与发展机会。

★关注长期发展

企业在提供支持时，应关注员工的长期发展，而不仅仅是短期目标的实现。帮助员工规划职业生涯，提供持续的学习与成长机会，才能实现双赢。

在现代企业管理中，提供必要的支持和资源是提升员工满意度和工作效率的关键。通过灵活的物质资源配置与积极的精神支持，企业能够构建出一个高效、创新和积极的工作环境。

在鼓励员工自我驱动的同时，确保团队的目标与公司的战略方向一致是一个挑战。管理者需要时刻关注团队的工作方向，确保员工的创新努力不会偏离公司的核心目标。在自我驱动的环境中，团队成员之间可能会因为不同的想法和方向而产生冲突。管理者需要具备处理冲突的能力，促进团队成员之间的沟通与协作，以保持团队的凝聚力。

第二节 简化流程：如何通过减少复杂性提升效率

在当今快节奏的商业环境中，企业面临的挑战日益增多。复杂的流程和烦琐的工作程序，不仅消耗了宝贵的时间和资源，还可能导致员工的挫败感增强，致使创造力下降。因此，简化流程，减少复杂性，成为提升企业效率和员工士气的重要手段。

简化流程的重要性

简化流程，顾名思义就是通过优化工作步骤，使其更加高效、明确、易于执行。它不仅是管理理念的体现，更是现代企业面对激烈竞争所必需的策略。

复杂的流程往往会造成延误和混乱，导致工作效率降低。通过简化流程，企业能够更快地响应市场变化和客户需求，从而提高整体运营效率。冗长的流程往往会伴随更高的人力成本和时间成本。简化流程可以减少不必要的环节，降低资源消耗，从而节省成本。

简化流程的第一步是对现有流程进行全面审查。通过评估各个环节的必要性和有效性，可以识别出冗余的步骤。

★实施步骤：

绘制流程图：将现有流程可视化，帮助团队理解每个环节的功能和目标。

收集反馈：与团队成员进行讨论，了解他们对流程的看法和建议。

确定关键环节：识别出对业务目标至关重要的环节，确保在简化过程中不损害这些关键环节的功能。

在许多企业中，复杂的决策流程往往导致延误和低效。通过精简决策层级，授权基层员工做出决策，可以加速响应速度和提升效率。明确各个团队和员工的决策权，减少不必要的审批环节。建立信任文化，鼓励员工根据实际情况做出判断和决策。对决策的结果进行评估，及时调整决策流程，确保工作效率不断提升。

◆深度分析案例：P××× 的流程简化实践

P××× 是一家专注于人工智能和大数据解决方案的企业，在流程简化方面取得了显著成效。

★效率提升：项目管理的简化

在 P××× 的项目管理中，传统的流程往往涉及多个部门的协作，导致信息传递不畅和时间延误。为此，P××× 采用了敏捷管理方法，通过短期迭代和持续反馈，简化了项目流程。

在一次产品开发中，P××× 的团队通过敏捷管理，每两周进行一次迭代，及时收集客户反馈并调整方案。这样的流程不仅提高了产品开发的效率，也使客户在每个阶段都能参与进来，提高了客户的满意度。

★效率提升：内部沟通流程的优化

为了提高内部沟通的效率，P××× 实施了一种新的协作工具，名为“智联”，用于集中管理项目进展和团队沟通。通过这一工具，员工能够实时更新工作进度，减少了不必要的会议和邮件。

在使用“智联”后，团队成员在项目中能够快速找到需要的信息，不再依赖频繁的会议。某次项目推进中，团队成员仅用了一周的时间就完成了之前需要两周才能完成的任务。这一成果充分体现了沟通流程的简化带来的效率提升。

★培养简化文化

将简化流程的理念融入企业文化中，鼓励员工在日常工作中不断思考如何优化流程，是长期有效的策略。

培训与宣传：通过培训和宣传活动，让员工了解简化流程的重要性，激励大家积极参与。

奖励机制：对于提出优化流程优化建议的员工给予奖励，提升全员的参与度。

★在简化流程的过程中，企业需要注意以下几点，以避免潜在的误区：

不要过于追求速度

虽然简化流程可以提高效率，但过于追求速度可能会导致疏漏和失误。企业应在速度与质量之间找到平衡，确保简化后流程的合理性和有效性。

不忽视合规性

简化流程时，企业必须确保不违反法律法规和行业标准，忽视合规性可能会给企业带来法律风险和声誉损失。

不应一刀切

每个部门和团队的工作性质不同，简化流程时应根据具体情况进行调整，而不是一刀切。企业应尊重各部门的独特需求，量身定制简化方案。

关注员工的感受

在简化流程的过程中，企业应关注员工的感受，确保他们能够适应新的流程。过于频繁的流程调整可能会让员工感到困惑和不安，影响他们的工作积极性。

抵制企业变革的心理

在现代企业管理中，变革是一种常态，尤其是在面对快速发展的市场环境时，企业必须不断调整自己的战略和流程，以保持竞争力。然而，尽管变革带来了机遇，却往往也伴随着员工的抵制心理，这种心理阻碍了变革的成功实施。

许多员工可能对企业变革持有抵触态度，担心新流程会影响他们的工作方式。在这种情况下，管理者需要有效沟通企业变革的必要性和好处，鼓励员工积极参与。简化流程的实施，可能需要额外的资源和时间。在这种情况下，管理者需要合理安排资源，确保简化过程的顺利进行。

如果没有高层管理者的支持，简化流程的努力可能难以取得成效。因此，管理者应积极争取高层的支持，确保简化工作的顺利进行。

要有效应对抵制变革的心理，企业可以采取以下策略：

◆提高透明度与信任

企业在实施变革时，应尽量提高透明度，及时与员工分享变革的进展和成果，这可以有效增强员工对领导层的信任，减轻抵制心理。

定期沟通：通过定期的会议和内部公告，让员工了解变革的目的、进展及影响。

反馈渠道：建立反馈机制，鼓励员工提出意见和建议，让他们感受到参与的价值。

◆提供必要的支持与培训

变革过程中，员工可能会面临新的挑战，企业应为他们提供充分的支持与培训。

培训计划：制订详尽的培训计划，让员工充分掌握新技能和知识，增强他们的自信心。

心理支持：在变革过程中设立心理辅导团队，帮助员工调整心态，适应新的工作环境。

◆确立变革的愿景与目标

企业应确立清晰的变革愿景和目标，确保员工对变革的方向有明确的理解，这将有助于激励员工朝着共同的目标努力。

共同愿景：与员工共同制定变革愿景，让他们参与到目标设定的过程中，增加对变革的认同感。

短期目标：设定可实现的短期目标，帮助员工在变革过程中看到进步，增强信心。

◆激励与认可

企业应通过激励机制，鼓励员工积极参与变革，并及时给予认可和奖励。

绩效奖励：针对参与变革并取得成果的员工给予绩效奖励，提升他们的积极性。

表彰活动：定期举行表彰活动，公开表扬在变革中表现突出的团队和个人，营造积极的氛围。

简化流程是提升员工工作效率的有效途径。通过流程审查与评估、采用自动化工具、精简决策层级、确保流程透明、持续改进等策略，企业可以有效减少复杂性，提高效率。尽管实施过程中可能遇到一些挑战，但通过积极的沟通和合理的资源配置，企业完全能够克服这些困难，推动简化流程的成功实施。

第三节 优化决策：极简管理如何提升整体绩效

极简管理（Minimalist Management）作为一种管理哲学，旨在通过减少不必要的复杂性，优化决策过程，从而提升整体绩效。在现代商业环境中，决策的速度和质量直接影响到企业的绩效。随着市场变化的加速，企业需要灵活而高效的管理方式来应对挑战。

极简管理的核心原则

极简管理强调明确企业的核心目标，所有的决策和行动都应围绕这些目标展开。通过简化目标，企业能够更容易地集中资源和精力，避免因分散注意力而导致的效率降低。

★实施步骤：

设定 SMART 目标：确保目标具体、可衡量、可实现、相关和时限明确。

定期评估目标：定期检查目标的实现情况，并根据市场变化及时进行调整。

极简管理提倡减少决策层级，赋予基层员工更多的决策权。这不仅能够加速决策过程，还能提高员工的责任感和参与感。清晰划分各层级的决策权限，避免多层审批造成的延误。鼓励一线员工，根据实际情况做出及时决策。

极简管理提倡使用数据来支持决策，避免个人偏见和直觉对决策的影响。通过数据分析，企业能够更客观地评估决策的效果，并根据数据进行调整。确保相关数据的收集和分析机制有效运行。根据数据分析结果定期评估决策的有效性，及时进行调整。定期审查工作流程，识别冗余环节并进行优化。给每个任务设定标准化流程，避免无谓的重复工作。

◆深度分析案例：XM 的极简管理核心原则

XM 在成立之初，就摒弃了传统企业烦琐的层级结构。传统企业的层级管理模式往往导致信息传递缓慢、决策流程冗长，这在快速发展的科技行业中，可能延误市场机会。为此，XM 采取了扁平化的管理结构，简化了从上层领导到基层员工的信息流通路径。

★“人人都是 CEO”

XM 创始人雷 × 在公司内部提出了“人人都是 CEO”的理念，鼓励员工主动参与决策，将管理层与执行层之间的层级壁垒打破，让信息能够直接传达到决策者手中。这种极简管理方式不仅缩短了决策时间，还让员工拥有了更多的自主权和责任感，增强了团队的协作和创新能力。

XM 在产品设计上，也采取了极简管理的核心原则。与许多大公司不同，XM 选择集中资源，专注于少数几款核心产品，并在这些产品上精益求精。比如，XM 手机的产品线相对精简，没有过多的产品型号，主打“高性价比”的理念。这种专注于核心业务的策略避免了公司在开发过多产品时，浪费资源和时间。

通过简化产品线，XM 可以将更多的精力集中在创新和品质上，确保每一款产品都具备强大的市场竞争力。这样的策略不仅减少了内部管理的复杂性，还提升了整体的市场反应速度。

在 XM 的极简管理实践中，简化决策流程是其关键。传统企业在面对新项目或产品决策时，往往需要经过多个部门的评估和审批，这无疑会拖慢进度。XM 则赋予团队和项目负责人更大的决策权，减少了复杂的审批步骤，提升了整体效率。

以 XM 生态链产品的开发为例，公司鼓励子公司独立决策和创新，只需在关键节点汇报即可。这样的极简管理方式，不仅加速了新品的研发和上市，还激发了各团队的创新活力。例如，XM 旗下的智能家居产品，如智能手环和空气净化器等，就是在这种简化决策流程的背景下，迅速推出市场并获得成功的。

★极简管理的另一大核心原则是快速试错

XM 在产品开发和市场推广中采用“轻量化”的试错机制，通过不断获取市场反馈，及时进行调整和优化。这种模式避免了在项目初期投入过多资源，而是通过简化产品发布和更新的流程，确保企业在竞争激烈的市场中，能够快速响应消费者的需求。

例如，XM 每次推出新产品时，都会借助用户社群获取第一手的用户反馈，并迅速调整产品策略。通过简化反馈和调整的流程，XM能够在短时间内优化产品体验，增加用户的忠诚度。这种“快速试错”机制既节省了企业资源，又提高了整体产品的市场表现。

XM将极简管理的核心原则，贯穿到创新与效率的平衡中。XM始终秉承“快”和“简”的理念，在快速变化的市场环境下，确保企业具备高效创新的能力。公司内部鼓励精简工作流程，减少不必要的复杂环节，让员工专注于解决实际问题，而不是陷入无谓的程序和汇报中。

通过这种方式，XM确保了其产品和业务能够在极短的时间内推向市场，并且具备创新优势。以XM的“互联网手机”模式为例，这种全新的线上销售模式颠覆了传统手机销售渠道，借助简化的供应链和营销策略，使XM以极低的营销成本迅速扩大了市场份额。

★案例启示：XM极简管理的核心原则对其他企业的借鉴意义

XM的成功，展示了极简管理的强大优势。通过简化组织结构、优化决策流程、专注核心业务以及快速试错，XM不仅提升了企业内部的效率，还在激烈的市场竞争中取得了巨大的成功。对于其他企业而言，XM的极简管理经验具有重要的借鉴意义。

首先，企业应当打破传统层级管理中的冗余环节，赋予员工更多的决策自主权，提升组织的灵活性。其次，减少不必要的复杂产品线和业务范围，专注于核心优势业务，将资源集中用于创新和市场扩展。最后，简化决策流程，让企业能够快速应对市场变化，避免因为烦琐的内部程序错失市场机遇。

实施极简管理的注意事项

许多企业习惯于层级管理，抵制变革的声音往往来自员工根深蒂固的心理。这就需要管理者积极推动变革，并通过沟通和培训来消除员工的顾虑。极简管理强调数据驱动决策，但在实际操作中，企业可能面临数据收集和分析能力不足的问题。企业需要投资相应的技术和人员，以确保数据的准确性和及时性。

赋权予基层员工，需要合理分配决策权限，管理者需要在授权与控制之间找到平衡，避免因权力下放导致决策失误。

◆明确目标与愿景

在实施极简管理之前，企业需要明确管理目标和愿景。管理者应与团队成员充分沟通，确保大家对未来的发展方向达成共识。

★具体措施：

设定清晰的目标：制定具体可量化的目标，让团队明确努力的方向。

定期检视进展：通过定期回顾和反馈，帮助团队了解自己的进展情况，及时调整策略。

◆培养开放的沟通文化

极简管理强调透明和开放的沟通。管理者需要鼓励员工分享自己的想法与建议，营造积极的沟通氛围。

★具体措施：

建立反馈机制：定期收集员工反馈，了解他们的需求与困惑，以便及时解决问题。

开展分享会：定期举办经验分享会，鼓励员工分享成功案例和经验教训，促进团队学习。

◆提供必要的支持与培训

尽管极简管理强调自主决策，但这并不意味着放任自流。管理者仍然需要为员工提供必要的支持和培训，以帮助他们适应新的工作方式。

★具体措施：

定期培训：针对新工具、新技术和新流程进行培训，确保员工能够顺利上手。

设立支持团队：建立专门的支持团队，帮助员工解决在工作中遇到的问题。

◆设定合理的授权边界

在极简管理中，授权是关键。然而，过度授权可能导致决策失误。因此，管理者需要设定合理的授权边界，让员工在适当的范围内自主决策。

★具体措施：

明确权限范围：对每个岗位的决策权限进行明确，避免因权力模糊造成混乱。

定期评估决策效果：通过对员工决策效果的评估，及时调整授权范围，确保决策的有效性。

◆平衡简化与控制

极简管理提倡简化流程，但这并不意味着完全放弃控制。管理者需要在简化与控制之间找到平衡，确保企业的运营稳定。

★具体措施：

关键指标监控：设定关键绩效指标（KPI），定期监测团队的工作进展，以便及时发现问题。

风险管理：建立风险管理机制，及时识别和应对潜在风险，保障企业的运营安全。

极简管理通过优化决策过程、减少复杂性，不仅提升了企业的整体绩效，还提高了员工的积极性和创新能力。在快速变化的市场环境中，企业唯有通过简化管理、优化决策，才能更好地应对挑战，实现可持续发展。

第五章

延迟决策——模糊中的机遇

在瞬息万变的商业环境中，快速决策常常被视为成功的关键。然而，过于匆忙的决策有时会带来意想不到的后果，导致错失更好的机遇。我们将探讨“延迟决策”这一管理策略，揭示在不稳定性与模糊性中如何找到潜在的机会。

延迟决策并非无所作为，而是为了在复杂和不明确的环境中，给予自己更多的时间去收集信息、分析情境，甚至允许团队进行深思熟虑的讨论。这一过程不仅有助于降低决策风险，还能激发创造力，促使团队在集思广益中寻求更为有效的解决方案。通过案例分析与理论探讨，我们将展示如何在延迟决策的实践中，寻找那些隐秘的机遇，让模糊变成明确，从而为组织的持续成功奠定基础。

第一节　管理不稳定性：如何应对不可预见的挑战

管理不稳定性，已成为现代企业管理中的重要议题。在当今快速变化的商业环境中，企业面临着各种不可预见的挑战和不稳定性。这些不稳定性可能来源于技术革新、市场波动、社会危机等。因此，我们将探讨管理不稳定性的必要性、方法，以及通过真实案例展示，如何有效应对不可预见的挑战。

什么是不稳定性

不稳定性是指在决策或行动中，无法预见或预判结果的状态。它是管理中不可避免的一部分，尤其是在快速变化的环境中。不稳定性不仅仅源于外部因素，还可能来源于内部操作流程、资源配置等。

★不稳定性可以分为以下几种类型：

外部不稳定性：来自外部环境，如市场变化、竞争对手行为等。

内部不稳定性：源于企业内部的流程、文化、团队动态等。

技术不稳定性：与新技术的采用、升级或变革相关，可能导致操作风险。

战略不稳定性：在企业战略制定与执行过程中，可能会遇到的意外挑战。

面对不稳定性，企业的韧性显得尤为重要。韧性是指企业在面对挑战、压力和不稳定性时的适应能力。韧性强的企业能够快速应对变化，保持业务的连续性和稳定性。有效地管理不稳定性，能够提升管理者的决策能力。在不稳定性的环境中，管理者需要具备快速分析、评估风险和制定应对策略的能力。

不稳定性也可以成为创新的催化剂，当企业在面对不确定的市场时，往往会激发新的想法和解决方案，推动产品和服务的创新。企业需要建立灵活的企业结构，以便迅速响应外部变化。灵活的企业结构可以帮助企业快速调整资源配置，适应市场变化。

实施情景规划

情景规划是一种管理工具，可以帮助企业分析未来，可能发生的不同情景及其影响。这种方法鼓励团队提前考虑各种可能性，制定应对策略。企业应建立健全的风险管理机制，通过识别、评估和控制潜在风险，来减少不稳定性对企业的影响。

现代技术与数据分析工具，能够帮助企业更好地理解市场动态和客户需求，从而提升对不稳定性的应对能力。良好的内部沟通和协作，能够增强团队在不稳定性下的应对能力。管理者应鼓励跨部门合作，促进信息流动。

接下来，我们分析一个真实案例，对情景规划管理进行详细的解析。

◆实施情景规划案例：B×× 的情景规划实践

B×× 作为中国领先的新能源车企之一，在全球化扩张和面对快速变化的市场环境中，实施了情景规划来应对不可预见的挑战。情景规划不仅帮助 B×× 在不稳定性中把握机会，还推动了其在新能源汽车领域的战略布局，确保企业在激烈的市场竞争中始终保持优势。

多场景市场预测与风险评估：在全球新能源汽车市场竞争日益激烈、政策多变的背景下，B×× 通过情景规划对全球市场进行深入分析。公司团队针对不同国家的政策、消费者需求、技术发展趋势等方面，构建了多个情景模型。这些模型涵盖了各类变化的可能性，例如政府是否会继续加大对新能源车的补贴力度、碳排放规定的加强等，以及市场需求波动可能带来的影响。通过这些情景分析，B×× 能够提前预判市场变化，制定更具针对性的市场策略。

比如，在面对欧洲新能源政策变化时，B×× 根据不同国家的补贴政策及消费者偏好，实施了差异化的情景规划。通过对这些变化场景的深入分析，公司决定优先布局补贴力度较大的国家，并在当地建立生产和销售渠道，为日后进一步的扩展打下基础。当欧洲部分国家补贴政策出现波动时，B×× 已经做好了应对措施，避免了政策风险带来的直接冲击。

技术创新与研发多元化情景规划：在技术研发方面，B×× 通过情景规划，应对未来新能源技术的多种可能性。B×× 设想了多个技术发展路径的情景，包括电池技术的迭代、固态电池的突破、氢能源汽车的发展等。基于这些情景，公司作出了多元化的技术布局，既加大了对现有磷酸铁锂电池技术的研发投入，又积极探索新型电池技术的前沿领域。

比如，B×× 曾考虑到固态电池，在未来可能成为新能源汽车的主流技术之一，但由于这一技术尚未成熟，市场推广尚需时间。为应对这种不稳定性，B×× 继续加大对磷酸铁锂电池的优化与推广，同时保留一定的资源用于探索固态电池的研发。这种情景规划的实施，使得B×× 在确保现有市场份额的同时，能够随时转向新的技术路线，保持技术领先。

供应链情景规划应对全球波动：供应链的不稳定性是B×× 面临的另一个巨大挑战。尤其是近几年，全球供应链紧张导致原材料价格上涨、交货延迟等问题。为应对这种挑战，B×× 通过情景规划制定了多种供应链策略。例如，公司根据全球市场供应情况，设计了不同的供应链应对方案，确保在出现供应链断裂或价格波动时，能够迅速调动备用供应商和生产基地，保持生产的连续性。

在实施情景规划后，B×× 加大了对关键零部件的库存储备，还在国内外多个地区建立了供应链合作伙伴网络。以电池原材料为例，B×× 通过在国内外同时布局原材料供应渠道，提前锁定长期供应合同，确保在全球市场波动时，依然能保障企业的核心生产线正常运行。

★案例总结：

B×× 的情景规划是其应对市场不稳定性、技术变革和供应链风险的重要工具。通过对未来可能情景的深入分析，公司能够制定灵活的战略决策，及时调整应对策略，规避潜在风险。无论是市场布局、技术创新还是供应链管理，B×× 都通过情景规划保证了企业的可持续发展，并在全球新能源汽车市场中始终保持领先地位。

◆接受不稳定性

管理者首先要接受不稳定性是商业环境的一部分，而不是试图消除它。接受不稳定性，有助于企业更理性地制定战略和决策。企业应培养团队的应变能力，帮助员工在面对突发挑战时，能够迅速调整思维和行为。应变能力的培养需要通过培训、模拟演练等方式进行。

为应对突如其来的各种不稳定性，接受不稳定性才能在企业运营中灵活实施应对策略。例如，Q× 在 20 世纪 90 年代，实施了情景规划方法，成功预测了石油市场的多种可能变化。通过构建不同的市场情景，Q× 能够制定相应的战略，有效应对市场波动，从而保持了市场领先地位。

面对不稳定性，企业必须具备应对不可预见挑战的能力。通过建立灵活的企业结构、实施情景规划、加强风险管理、投资于技术与数据分析、促进内部沟通与协作，企业能够有效管理不稳定性，提升自身的韧性与创新能力。

在这个快速变化的时代，企业应当视不稳定性为一种机遇，而非障碍。通过有效的管理策略，企业不仅能在不确定的环境中生存下来，更能在竞争中脱颖而出，实现持续发展。

第二节　模糊责任：如何在复杂局面中做出明确决策

在现代企业管理中，复杂性和不确定性,往往导致责任模糊化。这种模糊责任使得团队成员，在面对决策时感到困惑，从而影响到企业目标实施的效率与效果。尤其是在快速变化的市场环境中，如何在模糊责任的情况下做出明确的决策，已成为企业管理者面临的一大挑战。

什么是模糊责任

模糊责任是指在企业内部，责任的界定不清晰，导致成员在面对问题时，无法明确自己应承担的责任。这种现象通常发生在企业结构复杂、沟通不畅、决策链条长的企业中。

★模糊责任的成因主要有以下几方面：

复杂的企业结构：在层级较多的企业中，责任往往被稀释，导致个人难以界定自己的职责范围。

缺乏清晰的沟通：当信息流动不畅时，员工可能无法准确理解任务和目标，从而影响决策。

不明确的决策流程：缺乏标准化的决策流程，会导致决策责任模糊，影响团队协作。

多方利益冲突：不同部门或团队在资源分配、目标设定等方面的利益冲突，可能导致责任模糊。

模糊责任导致决策过程中的不确定性，进而影响决策的效率。在责任不明确的情况下，团队成员可能会推诿责任，导致决策延误。

我们可以用一个简单的例子来解释这一概念：想象一下，在一个大型企业中，某个项目出现了问题，项目组的成员都认为，问题不在于自己，而是在于其他部门的配合不力，或者是高层决策失误。这种情况常常导致责任的推诿，使得每个人都像是在踢皮球，结果问题却始终得不到解决。

案例一：某技术开发公司在推出新产品时，常常会遇到各个部门之间的沟通障碍。例如，在某次产品的迭代过程中，设计团队与开发团队在需求理解上产生了分歧，导致最终产品无法按时上线。由于责任未能清晰划分，设计团队认为开发团队没有理解设计意图，而开发团队则指责设计团队未能提供明确的需求文档。最终，项目的延期使得双方的关系变得紧张，这就是模糊责任的一个典型例子。

案例二：某科技产品公司在一次市场推广活动中，市场部与销售部之间存在责任不清的问题。市场部负责制定广告策略，而销售部则需要根据市场反馈进行调整。然而，当市场活动效果不佳时，双方都开始推诿责任，市场部认为是销售部执行不到位，而销售部则认为是市场部的策略有问题。由于缺乏明确的责任分配，最终导致了市场活动的失败，并影响了产品的销售表现。

◆为什么会产生模糊责任

在复杂的商业环境中，企业常常面临各种不确定性和变化，决策变得愈加复杂。这时，“模糊责任”这一概念便应运而生，模糊责任并不是简单的责任不清，而是指在复杂的局面中，责任的界定变得模糊不清，导致决策者难以找到清晰的方向。

★模糊责任的产生往往与以下几个因素有关：

文化因素：一些企业文化强调团队合作，而忽视了个人责任。这种文化可能导致员工在遇到问题时，倾向于相互推诿，而不是主动承担责任。

管理层的决策风格：如果管理层在决策时过于集中权力，缺乏与下属的沟通，那么下属可能会感到无所适从，从而导致责任的模糊化。

不明确的沟通：信息传递的不畅通会使得员工对自身的职责理解产生偏差，导致他们在执行任务时出现迷茫。

快速变化的市场环境：在市场快速变化的情况下，企业的战略目标和任务可能会频繁调整，员工在应对变化时容易产生不确定感，导致责任模糊。

当责任不明确时，团队成员可能会产生抵触情绪，降低合作意愿，影响团队的整体表现。在模糊责任的环境中，员工容易感到迷茫和无力，降低了他们的积极性和创新能力。长时间存在模糊责任，会导致企业文化的负面影响，员工可能会对企业产生失望感，降低忠诚度。

明确责任，提升决策效率

一个企业的发展，必须建立清晰的责任框架，在复杂局面中做出明确决策。企业要明确各个部门和个人在决策过程中的角色与责任。通过制定详细的工作说明书和岗位职责，确保每位员工都能明确自己的责任范围。

沟通是决策的基础。企业应建立有效的沟通机制，确保信息在团队内部快速流动，减少信息传递中的误解和延误。企业应制定标准化的决策流程，以确保在面对复杂问题时，各个环节都能得到合理的处理，这种流程应涵盖问题识别、数据收集、方案评估、决策执行等环节。

面对复杂局面时，单一部门往往难以解决问题。因此，促进跨部门合作至关重要。通过跨部门团队合作，集思广益，能够更全面地分析问题，提高决策的有效性。

现代技术的发展，使得数据分析成为决策的重要依据。企业应利用数据驱动决策，减少因主观判断导致的模糊责任。

◆深度分析案例：J× 物流在复杂局面中的明确决策

作为国内领先的物流公司之一，J× 物流经历了从内部物流部门，向独立第三方物流平台的转型。这一过程中，J× 物流不仅要服务于 J× 自有电商业务，还需要应对来自外部客户的复杂需求。面对这种业务扩展，J× 物流的组织结构迅速扩张，部门间的责任界限开始变得模糊。

例如，在处理一些高峰期的大型促销活动时，J× 物流的运营部门、技术部门和客户服务部门需要密切合作。但由于业务量暴增，各部门往往会出现"责任交叉"的问题：运营部门认为是技术系统故障，导致订单延迟，而技术部门则认为是运营流程设置不合理，服务部门则需要面对大量客户投诉，但无法有效处理问题根源。这种模糊的责任分配，造成了决策和问题解决的滞后，影响了用户体验。

为了解决这种模糊责任带来的决策困难，J× 物流引入了一套"责任矩阵"机制，通过明确每个项目或任务中各个部门的具体责任和权力，确保在复杂局面中能够做出迅速且明确的决策。

责任矩阵的应用：J× 物流通过对每个项目进行细致的责任划分，确保每个部门都清楚自己的职能边界。例如，在一次"6·18"大促中，J× 物流面对订单量激增的挑战，责任矩阵将各部门的任务进行了清晰的分工。运营部门负责具体的物流线路安排和仓储调度；技术部门负责确保后台系统的正常运行；客户服务部门则专注于处理消费者反馈。这种明确的分工不仅减少了互相推诿的现象，还大大提升了应对突发问题的效率。

设立跨部门决策小组：J× 物流还成立了专门的跨部门决策小组，确保在面对突发问题时，能够快速集结各个部门的关键决策者。这个小组的领导者通常由高层管理人员担任，拥有对各部门的直接调度权，确保在出现模糊责任区域时，能够迅速确定决策路径。通过这种高效的跨部门沟通机制，J× 物流在物流高峰期，能够快速应对订单积压、配送延迟等复杂问题，确保物流服务的稳定性。

通过数据驱动决策：除了责任矩阵和跨部门小组，J× 物流还依赖于大量的数据分析，进行支撑决策。通过对历史运营数据和实时物流动态的分析，企业可以更精准地识别问题的根源，并据此分配责任。例如，当某一地区的物流配送出现延误时，系统可以通过数据反馈，快速定位是由于仓储调度不当还是配送线路拥堵，相关责任部门因此可以迅速介入处理问题。这种基于数据的决策方式，不仅有效规避了责任模糊带来的决策拖延，还提升了整体物流服务的响应速度。

★案例总结：

J× 物流在应对模糊责任的过程中，通过"责任矩阵"、跨部门决策小组以及数据驱动的管理模式，成功解决了多部门协作中的责任界限不清问题。这种机制使得 J× 物流能够在业务扩展和复杂的市场环境中，快速做出明确的决策，避免了责任推诿和决策延迟。通过这一实践，J× 物流不仅提升了内部效率，也增强了在高强度市场竞争中的响应能力，成为国内物流行业的标杆企业之一。

模糊责任是现代企业管理中普遍存在的问题，影响着决策的效率和团队的合作。通过建立清晰的责任框架、实施有效的沟通机制、制定标准化的决策流程、促进跨部门合作、引入数据驱动的决策和建立反馈机制，企业能够在复杂局面中做出明确的决策。

在当今快速变化的商业环境中，面对不确定性和复杂性，企业必须不断适应和调整。通过有效的管理措施，企业不仅能够减少模糊责任带来的负面影响，还能在复杂的市场中获得竞争优势，实现可持续发展。

第三节　难得糊涂：在模棱两可的情况下有效领导

如何在模棱两可的情况下有效地领导呢？正如一句古话，“难得糊涂”！有时候，适度的模糊和不确定性不仅是挑战，也是领导成功的机会。在复杂和多变的商业环境中，领导者常常面临不确定性和模棱两可的局面。在这种情况下，传统的决策方法往往难以奏效，领导者需要采取一种更灵活和适应性的策略。

模棱两可情况下的挑战

模棱两可的情况，指的是在决策过程中，缺乏清晰的信息和明确的选择，使得领导者面临困惑与挑战。

在这种环境中，问题往往没有标准答案，决策需要在多种可能性中进行选择：

信息不对称：决策者往往面临信息不对称的局面，无法获取全面的背景信息。

利益冲突：多方利益可能导致决策难以达成共识。

不确定性：未来结果的不确定性，使得决策变得更加复杂。

员工抵触：在信息不明确的情况下，员工可能对决策产生抵触情绪，影响团队合作。

在模棱两可的情况下，领导者需要具备以下关键能力，以确保有效领导：

◆清晰的愿景与目标

有效领导者能够在复杂情况下制定清晰的愿景和目标，为团队提供方向感。明确的目标能够帮助团队成员，在不确定的环境中找到前进的动力。

例如，某食品公司在面对激烈的零食市场竞争时，确立了“高端零食”的定位，专注于提供优质、健康的零食品类。这一清晰的愿景使公司在快速扩张的零食市场中找到了自己的独特定位，获得了消费者的认可，成功实现了品牌升级。通过这一明确的愿景，这家零食公司从众多零食品牌中脱颖而出，持续推动企业的发展。

◆灵活的决策能力

在模棱两可的情况下，领导者必须具备灵活的决策能力，能够迅速适应变化并调整策略。灵活的决策能够帮助领导者，在不确定性中抓住机会。

例如，三一重工在早期专注于研制工程机械设备，但在行业竞争日益激烈时，公司迅速调整战略，逐步拓展到新能源设备领域，并加大研发投入，增强科技实力。通过这种灵活的决策，三一重工不仅保持了传统工程设备的市场份额，还在新能源领域获得了优势地位，实现了多元化发展。

◆强大的沟通能力

在不确定性环境中，良好的沟通至关重要。领导者需要能够清晰地传达信息，听取团队成员的意见，并促进开放的讨论。

例如，C× 汽车在面临新能源汽车和智能化浪潮时，通过建立开放的沟通文化来快速响应市场需求，公司高层定期召开内部沟通会议，广泛听取技术人员和市场团队的反馈意见。通过透明的沟通渠道和良好的信息传递，C× 汽车能够及时优化产品策略，以应对市场变化，在激烈的竞争中保持创新优势。

◆倾听与共情

有效的领导者具备倾听和共情的能力，能够理解团队成员的担忧和需求。在模棱两可的情况下，倾听能够帮助领导者获得更多视角，做出更明智的决策。

例如，K××× 一直倡导“人本管理”，在鼓励员工创新和自我发展的过程中，公司设立了“创新奖”，并定期收集员工的建议，支持团队成员开发自主项目。通过倾听员工的需求和创新想法，K××× 在人工智能领域推出了一系列符合市场需求的创新产品，进一步巩固了其在行业中的领先地位。

模棱两可情况下的决策！

在面对模棱两可的情况时，领导者可以采取以下策略，以实现有效领导。我们继续分析以下应对策略：

◆利用小范围试点

在不确定的情况下，可以选择在小范围内试点新策略或方案，以获取反馈和数据。这种方法能够降低风险，帮助领导者做出更明智的决策。

例如，公司在尝试进入不同类型的市场时，应选择小范围进行试点，在部分城市或地区的小型商场内进行新品的市场测试，收集消费者对新款产品的反馈。通过这一策略，公司能够快速调整产品设计与市场推广策略，提升新品的成功率。

◆分阶段决策

在复杂情况下，可以将决策分为多个阶段，逐步推进。这种方法能够降低决策风险，让团队在不确定性中保持灵活性。

例如，B×× 在推出新款新能源车型时，采用了分阶段的决策流程。首先，公司会在小范围推出概念车，吸引公众和专业人士的关注，收集他们的反馈，其次，逐步优化并推出正式版车型。这种分阶段策略，不仅提升了市场期待值，也让 B×× 可以根据反馈持续优化产品，降低了在快速变化市场中的决策风险。

◆激励团队参与决策

通过激励团队成员参与决策过程，可以增强他们的责任感与投入感。在模棱两可的情况下，团队成员的参与能够为决策提供更多视角，降低不确定性。

例如，餐饮公司在新菜品和服务模式的引进过程中，应广泛吸纳各区域门店经理和员工的意见。公司定期举行内部讨论会，邀请不同地区的团队成员参与，针对菜单创新和服务改进进行试点并提出建议。员工们根据当地顾客的口味和习惯，反馈和调整产品，让菜品更具地方特色。这种模式不仅增强了员工的归属感，还可以帮助餐饮公司在多变的市场环境中灵活应对，不断优化顾客体验。

◆创建容错环境

在不确定性环境中，创建容错环境，能够鼓励团队成员大胆尝试新方法，减少因失败而带来的恐惧感。这样的环境能够激发创新，并为领导者提供更多灵活性。

例如，F× 集团在许多创新业务领域都秉持容错精神，支持团队进行大胆尝试。F× 的管理团队鼓励员工在合理风险范围内探索新项目，集团内部的多个子公司也在新兴市场中大胆创新，如健康、旅游等多个领域都由此产生了亮眼成果，F× 集团在激烈的竞争中找到了新的市场机会。

◆培养适应性思维

领导者应当培养自身和团队的适应性思维，鼓励面对变化时的灵活调整。适应性思维能够帮助团队，在复杂情况下快速反应，调整方向。

例如，T× 旅行从最初的票务服务起家，后来通过战略调整和业务升级，逐渐转型为全面的旅游服务平台。面对市场竞争和技术革新，T× 灵活地调整业务布局，从线下转型到线上，从单一票务到提供综合性旅游产品。通过持续培养适应性思维，T× 旅行得以在竞争激烈的旅游行业中占据一席之地，提升了企业的抗风险能力。

在模棱两可的情况下，领导者面临的挑战虽然复杂，但也是一种机遇。通过建立清晰的愿景、灵活的决策能力、良好的沟通能力、倾听与共情、利用小范围试点、分阶段决策、激励团队参与、创建容错环境及培养适应性思维，领导者能够有效应对复杂局面，实现团队的目标。

“难得糊涂”，不仅是对模糊不清的调侃，更是对领导者智慧的考验。在当今不确定的商业环境中，灵活应对模棱两可的情况，既需要智慧，也需要勇气。只有具备这种能力，领导者才能在复杂的局面中找到方向，带领团队走向成功。

第六章
逆向思维——从失败中找成功

在管理的世界里，失败往往被视为一种耻辱，然而，真正的成功往往藏在这些失败的背后。本章，将聚焦于“逆向思维”，探讨如何从失败中汲取经验，找到通往成功的道路。

逆向思维意味着以不同的视角审视问题，挑战传统的成功定义。在这一过程中，失败并不再是终点，而是反思与学习的起点。企业可以通过分析失败的原因，识别出潜在的机会与改进之处，从而避免在未来重蹈覆辙。

本章将通过具体案例揭示那些从失败中崛起的企业，以及它们如何将失败转化为创新和发展的动力。通过这种反思，管理者能够培养出一种勇于尝试、善于总结的企业文化，使组织在面对挑战时，更加从容应对，最终实现可持续的发展。

第一节　失败管理：如何从错误中找到机会

在商业和管理的世界中，失败往往被视为一种负面经历，导致损失、挫折和不良后果。然而，失败也可以是成功的重要组成部分。它为企业提供了宝贵的经验和教训，是个人和团队成长的催化剂。通过有效的失败管理，领导者可以从错误中提取出机会，从而实现持续改进和创新。

什么是失败管理

失败管理是指企业在面对失败时，通过分析错误、总结教训和制定改进措施，将失败转变为学习和发展的机会。有效的失败管理，不仅可以减少未来类似错误的发生，还能促进创新和提高企业的适应能力。

★首先，我们先明确一下失败管理的重要性：

促进学习与成长：错误是最好的老师，能够提供实践经验和深刻的教训。

增强创新能力：面对失败，企业能够激发创新思维，寻找新的解决方案。

提高适应性：企业在处理失败时，能够增强对未来不确定性的适应能力。

建立良好的文化：鼓励面对失败并从中学习，能够形成开放、包容和积极的企业文化。

在失败发生后，及时进行反馈和反思至关重要。企业应建立一个开放的环境，鼓励员工分享经验教训，从而避免重复错误。

◆理解失败管理的核心

失败管理的核心在于将失败视为团队成长的契机。它并不等于无视失败的代价，而是要求通过构建“学习型”团队，从每次错误中汲取教训。例如，当公司在新产品上遭遇市场冷淡，失败管理关注的不是简单地为这个失败寻找“替罪羊”，而是深入分析失败的原因，优化产品设计和营销策略，让团队更好地适应市场。

案例分析：B×× 的产品革新之路

B×× 作为国内羽绒服行业的龙头企业，曾在产品多元化探索中遭遇挫折。为迎合市场对时尚快消品的需求，B×× 推出大量非羽绒服品类产品，但因缺乏专业研发与市场定位模糊，这些产品销量惨淡，还稀释了其品牌在羽绒服领域的专业形象，导致品牌竞争力下降。

面对这次失败，B×× 没有回避问题，而是迅速组建专业调研团队，通过线下门店访谈、线上问卷调研、大数据消费行为分析等方式，精准定位消费者对羽绒服产品的核心需求——保暖性、时尚度与高品质。

基于调研结果，B×× 果断砍掉非核心业务，聚焦羽绒服主业，投入大量资源进行技术研发和设计创新。例如，与国际知名设计师合作推出联名系列，将时尚元素融入传统羽绒服；研发新型保暖面料，提升产品功能性。通过一系列调整，B×× 不仅重拾消费者信任，还实现品牌升级，成为兼具时尚与品质的羽绒服品牌代表，其失败管理经验为传统制造业转型提供了范例。

失败管理的核心策略

在管理实践中，失败其实是最忠实的老师。与成功往往带来的骄傲相比，失败的教训更深刻，因为它揭露了盲点和风险，使团队更有韧性和适应力。因此，失败管理并不是让员工避开失败，而是让企业具备从失败中学习的智慧。

◆建立容错机制

失败管理的第一步在于构建容错机制，这能给员工更大的创新空间。企业要让员工知道，合理的风险尝试是被允许的，失败不是被指责的起点，而是团队成长的起点。比如一些企业允许每个项目部门设置试错项目，这种机制在多变的市场环境中能够极大地释放团队的创造力。

◆推行“后事件反思”机制

“后事件反思”即让团队在项目结束后总结分析：什么做得好，哪里可以改善。通过定期反思，团队成员能够提高自我认知，从具体的案例中找出改进机会。反思不必冗长、重复，而应当重在讨论教训和收获的本质。这样，整个团队可以将每次错误转化为智慧，避免在未来项目中犯下同样的错误。

◆关注客户反馈，快速响应

面对失败，聆听客户声音是非常重要的一环。很多失败往往源于公司对客户需求的误解，因此客户反馈是最直接的“学习机会”。三×××等品牌之所以能快速调整产品，就是因为他们建立了强大的用户反馈机制。公司应当通过用户调研、社交媒体互动等渠道收集反馈，并及时分析和应用，帮助团队更精准地适应客户需求。

◆目标分解，化大为小

有些失败是由于目标过于宏大，导致团队成员的执行方向模糊。因此，分解目标、设定小的里程碑可以避免这种情况。管理者可以将项目目标分解成多个子目标，并在每个子目标达成后进行复盘，及时发现风险点和改进方向，让失败在早期就被发现和纠正。分步实现有助于降低失败的成本，同时不断给团队带来成就感。

失败管理的注意事项

◆杜绝“甩锅”现象

失败管理重视团队共同承担责任，而不是谁做错了。企业应当确保失败后不追责个人，不让团队陷入“甩锅”现象中。若失败后过于聚焦于追责，团队将无法真实分享失败的原因，难以获取有效的学习经验。合理的失败管理是让每个人都能开放地反思，而非回避错误或推诿责任。

◆防止过度容错

在失败管理中，容错不是放任失败，而是要建立明确的标准。过度宽容会让团队成员失去改进的动力，甚至习惯性地犯错。管理者应当在设定容错底线的同时，鼓励改进。在有清晰的目标和绩效衡量标准的基础上，团队可以尝试风险，但要确保每次失败带来实质性的收获。

◆结合数据进行评估

失败管理不能凭感觉处理，需要有科学的依据。企业可以利用数据分析工具进行评估，分析项目中哪些环节出现了问题，找到导致失败的核心原因。数据能够使团队更加理性地看待失败，并为下一步改进提供量化依据。例如，通过客户满意度调查等数据监控产品或服务的表现，及时发现不足。

一个成熟的失败管理机制，其效果体现在企业的韧性和创新力上。团队会更加敢于尝试新想法，也会具备更强的风险把控力。成熟的失败管理不仅让员工在错误中成长，还增强了团队的整体凝聚力，让企业具备在不确定环境中稳步前行的能力。

★建议：如何在失败管理中找到机会

鼓励小步创新，降低风险成本

企业可以在小范围内实施新项目，从小规模的试点中获得反馈，及时优化。小步创新既能激发团队的创新意识，又能有效控制风险。

设立“失败奖”，鼓励大胆尝试

一些创新型企业会设立“失败奖”，鼓励员工大胆尝试。这不仅减轻了员工的失败焦虑，还营造了宽松的创新氛围。例如国内某些创新公司专门对敢于创新的员工进行“鼓励奖”奖励，让团队成员可以在失败中找到成就感。

加强培训和支持，提升团队的抗压能力

企业还可以通过培训课程，帮助团队成员增强抗压能力，学习如何在失败中恢复信心。管理者也可以定期与团队成员沟通，传递对待失败的正确态度。通过沟通、培训，帮助员工从失败中汲取经验，提升其工作动力。

正如古人所说：“失败是成功之母”。在现代商业环境中，领导者应当将失败视为一种机会，通过学习与反思，带领团队在挫折中不断成长。只有这样，企业才能在竞争中立于不败之地，实现可持续发展。

第二节　逆向创新：为什么违背常规有时更有效

在当今竞争激烈且快速变化的商业环境中，创新已成为企业生存和发展的关键。然而，传统的创新方法，往往侧重于遵循行业规范和既定的成功模式，这可能会导致企业陷入“思维定式”，错失突破性机会。

相反，逆向创新（Reverse Innovation）提倡违背常规，以挑战现有的思维框架和市场惯例，从而寻找新的解决方案和商业模式。

逆向创新的概念

许多创新往往源于发展的需求，这些市场通常对产品的性价比有更高的要求。逆向创新促使企业打破传统思维，寻找新的商业模式和解决方案。通过在非常规市场中获得成功，企业能够在全球范围内建立差异化的竞争优势。

逆向创新并非一蹴而就，而是需要系统的方法和策略。以下是实施逆向创新的一些关键步骤：

◆识别潜在市场

企业应积极探索新兴市场，关注当地消费者的独特需求。这些市场的消费者往往对现有产品不满，企业可以通过理解这些需求，开发出新的产品或服务。

例如，AQ××公司在非洲市场的突破。AQ××公司发现，当地市场的传统面包酵母价格较高，且使用成本较大。为了满足当地面包烘焙商的需求，公司推出了一款适合热带气候、具有低成本优势的“非洲定制酵母”，在非洲市场获得了不小的市场份额。这款产品不仅适用于当地气候，还通过优化生产工艺大幅降低了成本，获得了客户的青睐，并逐渐扩展到其他地区市场。

◆适应性设计

逆向创新需要关注产品的适应性设计，即确保产品能够满足特定市场的文化、经济和技术需求。这种设计往往需要更简洁、更具功能性的解决方案。

例如，Z×集团在南美市场的经营策略。集团发现，南美洲很多国家的地形复杂，铁路建设成本高昂。为此，集团开发了一种适应当地地理环境的轻型铁道列车。这种列车不仅更具性价比，符合当地基础设施的需求，还配备了专门的高原动力系统，以适应南美洲的高海拔环境。

◆灵活的商业模式

逆向创新往往需要灵活的商业模式，以适应不同市场的需求和挑战。企业需要探索新的销售渠道、定价策略和市场推广方式。

例如，Q× 汽车公司在拉美市场的推广策略。Q× 公司在进入拉美市场时，发现当地消费者更偏好性价比高且维护成本低的车型。因此，Q× 公司推出了一款经济型 SUV，确保能够应对当地道路条件的考验。同时，Q× 公司还与当地汽车销售公司合作，推出了按揭分期付款和长期租赁计划，进一步降低了消费者的购车门槛。

◆建立反馈机制

企业在实施逆向创新时，建立有效的反馈机制至关重要。通过与用户沟通，企业能够获取用户反馈，并及时调整产品设计和市场策略。

例如，J× 汽车公司在东南亚市场的创新。J× 公司在进入东南亚市场后，通过社交媒体和专门客服渠道收集用户反馈，深入了解当地消费者对车辆耐用性和油耗的要求。根据这些反馈，J× 公司调整了部分车辆的设计，增加了节油系统，并增强了车辆在高温环境中的稳定性。这种用户驱动的逆向创新，让 J× 汽车在东南亚市场取得了良好的口碑，也为其产品在全球化进程中提供了宝贵经验。

这些国内企业的案例不仅展示了逆向创新的成功路径，也揭示了识别市场、设计产品、灵活商业模式和及时反馈的重要性。

逆向创新的成功思路

逆向创新不仅仅是理论概念，它在多个行业和公司中得到了成功实践。以下是一些经典的逆向创新案例分析：

◆逆向创新案例一：P×× 的逆向求生

P×× 平台通过“打破常规”的方式，在市场中取得了令人瞩目的成就。相对比传统的电商平台，如淘宝和京东，主要依赖消费者主动搜索商品并进行购买，这种模式强调的是商品多样性、物流速度以及品牌效应。然而，P×× 却选择了一条完全不同的路线，它通过社交裂变的模式，让消费者通过分享链接、拼团等方式来购买商品。P×× 利用了微信等社交平台的高用户黏性，让购物变成了一种互动式的社交活动。

这一逆向创新让 P×× 平台在短时间内，迅速获得了大量用户，尤其是在三、四线城市和农村地区，填补了电商行业的市场空白。

★案例总结：

P×× 平台的成功还在于其聚焦于性价比，以及用户体验，而非追求传统电商中的“大而全”。它专注于低价商品，迎合了大量追求高性价比的消费者需求，形成了与传统电商完全不同的用户群体。

◆逆向创新案例二：J×× 的年轻文化

另一个值得一提的逆向创新案例是“J××”，这家以年轻消费群体为目标的白酒企业，通过颠覆传统白酒的营销模式和品牌形象，成功打入了竞争激烈的白酒市场。传统的白酒品牌大多追求历史悠久、工艺复杂和高端化的品牌定位，而 J×× 却反其道而行之，选择用简洁的包装、清新的文案和亲民的价格来吸引年轻消费者。

J×× 的营销重心，不在于白酒本身的传统文化，而是在于传递一种年轻、轻松、自由的生活态度，这使得它在白酒市场上迅速崛起，赢得了大量年轻消费者的喜爱。

★案例总结：

“J× ×”的成功，证明了在一个相对固化的市场中，逆向创新可以为企业带来新的机遇。通过跳脱传统思维，“J× ×”不仅打开了年轻消费群体的市场，还重新定义了白酒品牌的形象。

◆逆向创新案例三：“PP× ×”的“盲盒”潮玩

“PP× ×”是一个极具代表性的逆向创新成功案例，它通过打破传统零售模式，创造出了一种全新的“潮玩”消费形式。

在传统的零售市场中，玩具往往以功能性或收藏价值为主，消费者可以直接购买自己喜欢的产品。然而，“PP× ×”通过引入“盲盒”这一概念，让消费者在购买时无法知道具体的产品内容。这种不确定性和神秘感为购物体验注入了“未知与联想”的兴奋，激发了消费者的好奇心和持续消费的欲望。

盲盒不仅仅是一种玩具产品，更成了一种社交货币，许多消费者会在社交平台上晒出自己购买的盲盒，展示自己“抽”到的稀有款式。

“PP× ×”这种逆向创新打破了传统玩具销售的透明化规则，转而通过“未知”激发消费欲望。这种营销策略非常成功，尤其在年轻消费群体中引发了强烈的购买热潮，甚至形成了一种潮玩收藏的倾向。其产品不再仅仅是普通的玩具，而是带有社交、娱乐属性的潮流符号。这种新型消费模式，帮助“PP× ×”迅速占领了市场，并成为潮玩行业的佼佼者。“PP× ×”还通过“限量款”策略，进一步提升了其产品的稀缺性和价值，增强了市场竞争力。

★案例总结：

“PP××”的逆向创新案例表明，企业在竞争激烈的市场中，有时通过打破常规，重新设计用户体验，能够创造出全新的商业模式和市场机会。这种创新不仅提升了用户参与感，也让企业得以快速建立品牌影响力，并吸引核心消费群体。

◆逆向创新案例四：G× 电器的“无霜空调”

G× 电器成立于 1991 年，最初专注于传统的空调生产。随着市场的逐渐饱和，竞争日益激烈，G× 面临着技术升级和产品差异化的挑战。在这样的背景下，G× 的研发团队决定探索一种颠覆性的产品——无霜空调。

在传统空调中，霜冻问题常常导致制冷效率降低，维护成本增加，用户体验不佳。通常，解决霜冻问题的方案是加大除霜频率或增加维护次数。然而，G× 的研发团队选择了一条不同的道路：他们通过深入的市场调研，发现消费者对于空调的期望不仅仅是制冷，更希望有低噪声、少维护的使用体验。

因此，G× 决定从根本上颠覆空调的设计思路，研发出一种“无霜”技术，来彻底消除用户对霜冻的担忧。经过数年的技术攻关，G× 成功推出了无霜空调，不仅解决了霜冻问题，还通过其独特的设计提高了能效和使用便捷性。

★案例总结：

逆向创新并不意味着简单的技术改进，而是通过全面重新思考产品和服务，找到更符合消费者需求的解决方案。在当前快速变化的商业环境中，企业若能善用逆向创新的思维，将会在激烈的竞争中脱颖而出，赢得市场先机。

这些案例表明，逆向创新往往通过挑战行业惯例，创造出全新的商业模式或市场定位，进而带来更大的市场机会。在许多情况下，违背常规不仅有效，甚至可能是企业成功突破的关键。

逆向创新不仅仅是理论上的概念，而是在现实中得到了有效实践的策略。在未来的商业环境中，企业只有勇于打破常规，拥抱逆向创新，才能在竞争中保持领先地位。成功的企业将会不断寻求新的方法，通过逆向创新发现潜在机会，并为行业发展注入新的活力。

第三节　从失败中反弹：将逆境转化为突破口

在商业世界中，失败是不可避免的，然而，成功的企业往往能够从失败中吸取教训，并在逆境中寻找到突破口。逆境并不是终点，而是重新评估和创新的机会。接下来，我们将探讨如何将失败转化为成功的机会！

从逆境找到突破口

逆境是指在某种情况下所遭遇的困难、障碍或挫折。在商业环境中，这可能表现为经济衰退、市场竞争加剧、产品失利等。面对逆境，企业的反应方式直接影响其未来的发展。

★将失败转化为成功的关键在于：

识别问题：快速识别导致失败的原因。

调整策略：根据反馈和市场变化调整策略。

创新思维：鼓励团队发掘新的解决方案。

持续学习：从每一次失败中吸取教训，推动自身成长。

面对失败，企业可以从中获得多方面的教训，包括市场需求、客户反馈和内部管理等。创新是将失败转化为成功的关键，企业需要在失败中找到新的机会。

持续改进是企业在逆境中反弹的重要因素。企业应定期评估自己的业务模式、市场策略和客户反馈，以保持竞争优势。

逆境思维的运用

接下来，通过以下案例进行深度分析，明确逆境的灵活转变：

◆深度分析案例一：R× 咖啡的逆境重生

R× 咖啡成立于 2017 年，以迅速扩张和低价策略在市场上获得了一席之地。然而，2020 年 R× 咖啡遭遇了财务造假事件，导致股价暴跌，市值蒸发，甚至面临退市危机。这一危机几乎摧毁了公司的声誉和业务，然而 R× 咖啡并没有就此沉沦。

在经历危机后，R× 咖啡采取了多项举措来实现逆转，并找到新的发展机会：

品牌重塑与形象恢复：R× 咖啡在事件曝光后，迅速采取措施进行品牌重塑。公司积极面对公众，通过媒体与用户进行沟通，承认错误并强调整改决心。同时，R× 咖啡推出了“重回咖啡赛道”的口号，以此表达其重建的信心和决心。通过透明的整改措施，逐步赢回了消费者的信任。

业务模式调整：面对之前的低价策略造成的损失，R× 咖啡开始探索新的业务模式。他们重视产品质量，推出高品质的咖啡及其他饮品，进一步丰富了菜单。此外，R× 咖啡还推出了线下咖啡馆与线上外卖相结合的模式，利用技术手段提升用户体验和满意度。

创新营销策略：在危机后，R× 咖啡转变了营销策略，注重用户体验和互动。通过社交媒体和各类活动吸引消费者，R× 咖啡在一些重大节日推出优惠活动，增加用户的购买动机。通过灵活的营销手段，R× 咖啡不仅提升了品牌曝光度，还重新吸引了大量顾客。

数据驱动决策：R× 咖啡充分利用数据分析，以“用户行为”作为依据，优化产品和服务。公司通过分析消费者的偏好，快速调整产品组合，提升了客户满意度。同时，利用数据分析的结果，R× 咖啡能够更加精准地进行市场推广，提升转化率。

经过一系列的调整和努力，R× 咖啡成功实现了逆转。根据 2021 年和 2022 年的财报，R× 咖啡的用户规模持续增长，门店数量也逐步恢复。更重要的是，品牌形象得到了改善，用户满意度也得到提升，R× 咖啡逐渐重新赢得了市场地位。

★案例总结：

R× 咖啡的案例，清晰地展示了如何在逆境中找到突破口。通过品牌重塑、业务模式调整、创新营销和数据驱动决策等措施，R× 咖啡不仅成功应对了危机，还找到了新的发展机会。这一案例表明，面对逆境，企业应保持灵活性与创新意识，及时调整策略，从而实现反弹与突破。

◆深度分析案例二："三 ×××"的逆境反弹

"三 ×××"是一家以休闲零食为主的电商品牌，凭借线上渠道的优势迅速崛起，成为国内市场的佼佼者。然而，随着市场竞争的加剧和消费者偏好的变化，"三 ×××"在 2021 年遭遇了业绩下滑和品牌形象危机。这一系列问题让企业面临巨大的挑战。

面对困境，"三 ×××"采取了一系列有效的策略，努力实现品牌的转型与反弹：

品牌形象重塑："三 ×××"在逆境中意识到，需要重新审视品牌形象。公司进行了品牌升级，强化"天然、健康、美味"的产品定位，同时增加品牌故事的宣传，以情感共鸣吸引消费者。

产品线优化：为了应对市场变化，"三 ×××"对产品线进行了全面优化。企业通过市场调研发现，消费者对于健康和品质的关注不断增加。于是，"三 ×××"推出了一系列低糖、无添加的健康零食，满足了新一代消费者的需求。

线下渠道扩展："三 ×××"在遭遇业绩下滑后，逐渐意识到线上业务的瓶颈。公司开始大力拓展线下渠道，与各大超市和便利店合作，增加产品的触达率。此外，“三 ×××”还在一些主要城市开设了体验店，以增强消费者的品牌认同感。

用户互动与社区建设：“三 ×××”注重与消费者的互动，通过社交媒体和线上社区建立了忠实的客户群体。公司定期举办线上活动，鼓励消费者分享他们的使用体验，提升品牌的亲和力和知名度。

数字化转型：为提升运营效率和用户体验，“三 ×××”加快了数字化转型的步伐。公司引入了大数据分析和人工智能技术，对消费者行为进行深入分析，优化营销策略，提升精准投放的效果。

经过一系列积极的转型措施，“三 ×××”成功扭转了业绩颓势。2022 年的财报显示，公司在经历调整后，销售额稳步回升，市场份额也逐渐恢复。同时，品牌形象得到了提升，消费者的忠诚度明显增强。

★案例总结：

“三 ×××”的案例，展示了如何在逆境中找到突破口。通过品牌形象重塑、产品线优化、渠道拓展、用户互动和数字化转型等多方面的努力，企业成功实现了从失败到成功的转变。这一案例表明，面对逆境，企业应积极应对，灵活调整策略，抓住新机遇，才能实现反弹与突破。

◆深度分析案例三：L×× 的压力化解

L×× 曾是中国互联网视频领域的领军企业，凭借着丰富的影视资源和创新的商业模式，迅速崛起。然而，随着资金链的断裂和管理上的失误，L×× 在 2017 年遭遇了前所未有的危机，面临着巨额债务和品牌信任危机。

在面临多重压力的情况下，L×× 并未选择放弃，而是通过一系列措施力图重振企业：

聚焦核心业务：L×× 在危机中意识到自己在影视和内容方面的优势，决定将重心从硬件（如L×× 电视），转向视频内容的制作与发行。通过进一步整合资源，强化视频平台的核心竞争力，L×× 希望重新赢得市场的关注。

战略合作：L×× 积极寻求与其他企业的合作，以实现资源共享和互利共赢。例如，L×× 与多家影视公司建立了合作关系，共同投资制作高质量的影视作品。这不仅增强了L×× 的内容储备，也吸引了更多用户的关注。

加强用户体验：在危机中，L×× 重新审视了用户体验的重要性。通过优化平台的用户界面和观看体验，提升用户的满意度。L×× 推出了更加灵活的会员制度，增强了用户的黏性。

进行品牌重塑：L×× 开始重塑品牌形象，致力于消除负面影响。通过积极的市场营销和宣传策略，重新传达企业的价值观和使命，努力恢复用户的信任。

筹集资金：为了应对资金危机，L×× 寻求融资，吸引投资者关注。在与投资者沟通时，L×× 展示了其转型后的愿景和计划，获得了一定的资金支持，缓解了短期的资金压力。

尽管L×× 在这一过程中经历了许多挑战，但逐渐找到了自己的发展路径。通过聚焦核心业务、战略合作、用户体验优化以及品牌重塑，L×× 在逆境中逐渐找到了自己的定位，重新获得了一部分用户的支持和市场份额。

★案例总结：

L×× 的案例，体现了在逆境中如何找到突破口的关键。企业在面临困境时，应及时评估自身的核心优势，灵活调整策略，寻求合作，重视用户体验，并积极寻求资金支持。通过这些措施，企业能够将逆境转化为新的发展机遇，实现反弹和成长。

从失败中反弹并将逆境转化为突破口是企业成功的重要能力。通过有效识别问题、创新思维、建立积极的企业文化和持续改进，企业能够在逆境中找到新的机会。真实案例展示了企业如何从失败中吸取教训，并在不断的试错中实现反弹。

成功的企业不仅仅是那些从未失败的企业，而是那些在逆境中，始终能够保持学习和创新精神的企业。只有这样，企业才能在竞争激烈的市场中立于不败之地。